Erstaunliche Wanderungen der TIERE

Philippa Forrester
Illustriert von Tim Smart

DK

DK | Penguin Random House

Text Philippa Forrester
Illustrationen Tim Smart
Fachliche Beratung Dr. Nick Crumpton

Lektorat Clare Lloyd, James Mitchem, Lizzie Munsey, Abi Luscombe, Andrea Mills, Becca Arlington, Robin Moul, Penny Smith, Sarah Larter
Gestaltung und Bildredaktion Charlotte Bull, Rachael Hare, Samantha Richiardi, Eleanor Bates, Sif Nørskov, Sakshi Saluja, Mabel Chan
Umschlaggestaltung Polly Appleton, Rachael Hare
Herstellung Nikoleta Parasaki, Leanne Burke

Für die deutsche Ausgabe:
Verlagsleitung Monika Schlitzer
Programmleitung Heike Faßbender
Redaktionsleitung Martina Glöde
Projektbetreuung Angelika Herre
Herstellungsleitung Dorothee Whittaker
Herstellungskoordination Claudia Rode
Herstellung Claudia Bürgers, Leonie Herr

Titel der englischen Originalausgabe:
Amazing Animal Journeys

Übersetzung Eva Sixt
Lektorat Elena Bruns

ISBN 978-3-8310-4746-8

Druck und Bindung TBB, a.s., Slowakei

FSC www.fsc.org MIX Papier | Fördert gute Waldnutzung FSC® C018179

www.dk-verlag.de

INHALT

EINFÜHRUNG

Im Alltag begegnen wir vielen Tieren für einen kurzen Augenblick: Ameisen auf dem Waldboden, einer Spinne in ihrem Netz oder Vögeln hoch oben in den Bäumen. An manchen Tagen sieht man sogar ein Fischotterweibchen mit seinen Jungen am Fluss oder einen einsamen Wolf im Wald. Doch irgendwann ist das Tier verschwunden. Was macht es jetzt? Wo läuft, schwimmt oder fliegt es hin? Und wo ist es hergekommen?

In meinem Leben habe ich viel Zeit damit verbracht, Tiere zu beobachten, und finde alle Arten faszinierend, von Eisvögeln über Wölfe bis hin zu Spinnen. Im Tierreich geschehen unendlich viele Wunder und Abenteuer, die uns zum Staunen bringen. Dazu gehören die weiten Wanderungen vieler Tierarten an Land, im Wasser und in der Luft. Von manchen bekommen wir nicht viel mit, weil die Tiere sehr klein sind oder tief im Meer ziehen. Die Wanderungen gehören zu ihrem Lebenszyklus und sichern ihr Überleben.

Als ich dieses Buch schrieb, lernte ich jede Menge über die erstaunlichen Entdeckungen der Wissenschaftlerinnen und Wissenschaftler, die Tiere erforschen. Ich hoffe, dass du beim Lesen viel Neues und Überraschendes erfährst, Antworten auf deine Fragen bekommst und dich hinterher noch mehr für unsere Umwelt interessierst. Menschen, die sich für den Schutz der Natur einsetzen, sind heute wichtiger denn je.

Philippa Forrester

WELTKARTE

Arktischer Ozean
Nordamerika
Atlantischer Ozean
Europa
Asien
Pazifischer Ozean
Pazifischer Ozean
Südamerika
Afrika
Indischer Ozean
Ozeanien
Südlicher Ozean
Antarktis

MONARCH-FALTER

Alljährlich legen Millionen Monarchfalter unglaublich weite Strecken zurück. Wenn der kalte Winter naht, verlassen die Insekten ihre Fortpflanzungsgebiete in Kanada und fliegen etwa 4800 Kilometer weit in den warmen Süden bis nach Mexiko. Die lange Reise ist für die hübschen Insekten überlebenswichtig.

Monarchfalter besuchen Blüten, um den zuckerhaltigen Nektar zu trinken.

IMMER DER SONNE NACH

Während der Wintermonate kann es in Kanada sehr kalt werden und die Tage sind kurz. Monarchfalter, die erst im Spätsommer aus ihrer Puppenhülle schlüpfen, leben bis zu acht Monate lang und damit etwa viermal so lang wie die Falter, die zu anderen Jahreszeiten schlüpfen. Deshalb haben sie genügend Zeit, bis nach Mexiko zu fliegen.

Wenn sie in Mexiko angekommen sind, versammeln sich Tausende Monarchfalter an den Stämmen von Tannen.

Überwinterung im Schwarm

Nachdem sie den weiten Weg von Kanada bis nach Mexiko geflogen sind, lassen sich die Falter auf Bäumen nieder. Dort ruhen sie und bewegen sich kaum, damit sie den Winter überleben. Jedes Jahr finden sie den Weg zu denselben Gebieten und sogar zu denselben Bäumen wie schon unzählige Generationen von Schmetterlingen vor ihnen.

Die Rückreise

Zum Ende des Winters brechen die Monarchfalter zu ihrem langen Rückflug nach Kanada auf. Die meisten von ihnen leben nur etwa acht Wochen lang und kommen nicht mehr zurück in die Gebiete, in denen sie aufgewachsen sind. Sie fliegen, so weit sie es schaffen, legen ihre Eier ab und sterben.

Wanderfalter

Aus den Eiern, die die Schmetterlinge auf ihrer Reise gelegt haben, schlüpfen Falter, die in Richtung Kanada fliegen. Unzählige der orangefarbenen Falter flattern jetzt durch die Lüfte. Später werden sich die Insekten paaren, Eier legen und danach sterben. Nach ungefähr vier Generationen haben die Monarchfalter ihre Rundreise abgeschlossen.

Lebenszyklus

Schmetterlinge durchlaufen eine vollständige Verwandlung. Aus dem Ei schlüpft eine Raupe, die sich verpuppt, um sich in einen Schmetterling zu verwandeln.

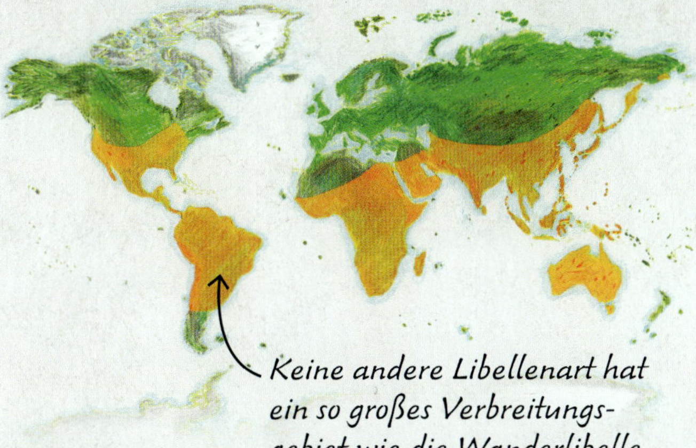

Keine andere Libellenart hat ein so großes Verbreitungsgebiet wie die Wanderlibelle.

WANDERLIBELLE

Wanderlibellen ziehen noch weitere Strecken als Monarchfalter und sind somit die Rekordhalter unter den Insekten. Vor kurzer Zeit fand man heraus, welche Routen sie von Afrika nach Indien nehmen. Es zeigte sich, dass kein anderes Insekt im Verhältnis zu seiner Körpergröße weitere Strecken zurücklegt. Eine Libelle fliegt bis zu 6000 Kilometer weit.

Die Wanderlibelle ist klein: Jeder ihrer Flügel ist nur ungefähr 4 cm lang.

WELTREISENDE

Wanderlibellen gibt es überall außer in der Antarktis. Im Himalaja, dem höchsten Gebirge der Erde, kann man sie noch in 6200 Metern Höhe beobachten. Im Lauf ihres Lebens folgen sie den Monsunregenfällen. Manche Libellenarten verbringen vier Jahre als Larven im Wasser, die Wanderlibellen jedoch haben ihren Lebenszyklus an die Wanderungen angepasst: Sie leben nur 38 bis 65 Tage lang als Larven in Teichen, die nach den Regenfällen bald wieder austrocknen.

Wie schaffen sie das?

Wanderlibellen können nur etwa viereinhalb Stunden am Stück mit ihren Flügeln schlagen. Das reicht nicht aus, um Tausende Kilometer weit zu fliegen. Forschende glauben deshalb, dass sie sich von Winden tragen lassen.

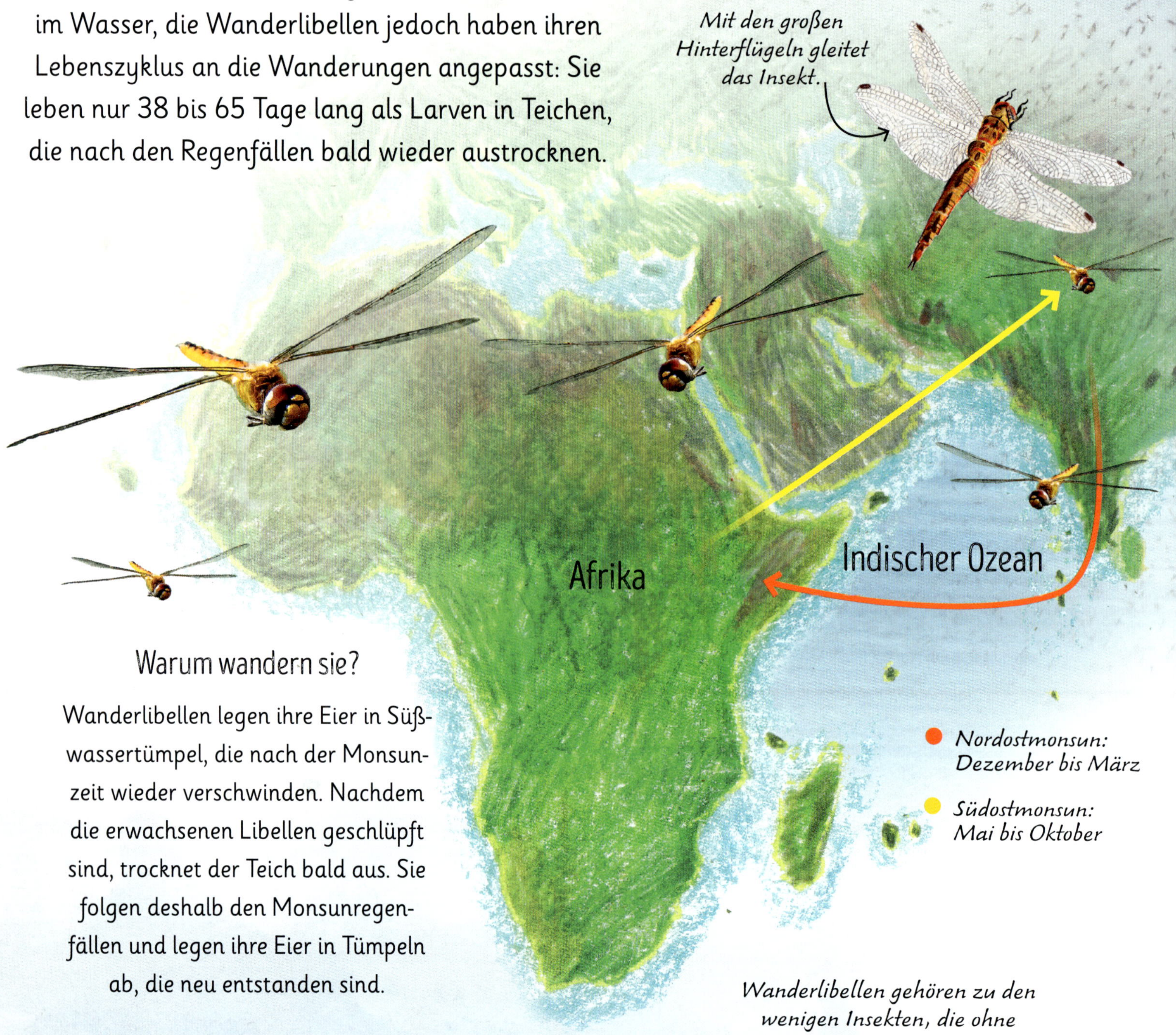

Warum wandern sie?

Wanderlibellen legen ihre Eier in Süßwassertümpel, die nach der Monsunzeit wieder verschwinden. Nachdem die erwachsenen Libellen geschlüpft sind, trocknet der Teich bald aus. Sie folgen deshalb den Monsunregenfällen und legen ihre Eier in Tümpeln ab, die neu entstanden sind.

Wanderlibellen gehören zu den wenigen Insekten, die ohne Zwischenstopp ganze Ozeane überqueren.

Mit Rückenwind

Wanderlibellenschwärme bestehen aus Millionen Tieren. Oft sieht man sie vor Gewittern und Stürmen. Man vermutet, dass sich die Schwärme von den Monsunwinden tragen lassen und die Veränderungen der Winde im Lauf der Jahreszeiten für ihre Wanderungen nach Norden oder Süden nutzen.

Vögel wie der Amurfalke scheinen mit den Libellen zu ziehen und nutzen dabei ebenfalls den Wind. Sie fangen die Insekten im Flug.

Lebenszyklus

Klimaveränderungen

Damit die Libellen über dem Indischen Ozean überleben können, müssen zur richtigen Zeit günstige Winde wehen. Der Klimawandel könnte die Windmuster verändern, was den Libellen schaden würde.

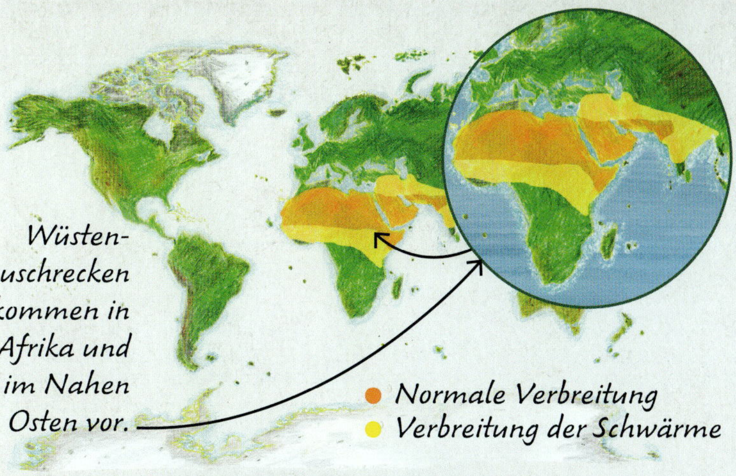

WÜSTEN-HEUSCHRECKE

Wüstenheuschrecken fressen nur Pflanzen. Die meiste Zeit leben sie allein, aber wenn ihre Nahrung knapp wird, bilden sie riesige Schwärme, die sich Hunderte Kilometer weit fortbewegen. Ein Schwarm aus 80 Millionen Heuschrecken verzehrt an einem einzigen Tag etwa so viel wie 35 000 Menschen. Bei solchen Heuschreckenplagen werden riesige Gebiete kahlgefressen und Felder vernichtet.

Eine Wüstenheuschrecke frisst jeden Tag ungefähr so viel, wie sie selbst wiegt.

WANDERNDE SCHWÄRME

Wüstenheuschrecken kommen in zwei Formen vor, die so unterschiedlich aussehen, dass man sie früher für verschiedene Arten hielt. Eine Form ist einfarbig braun, während die andere bunt ist, Schwärme bildet und zur Plage werden kann. Ein Heuschreckenschwarm überquerte den Atlantik und gelangte so in nur zehn Tagen von Afrika bis in die Karibik.

Einzeln lebende Heuschrecken

Die braunen Insekten leben gewöhnlich wie ganz normale Heuschrecken. Sie fliegen nur selten, sind einzeln unterwegs, fressen nicht viel und richten keinen Schaden an. Einige verbringen ihr ganzes Leben in dieser einfarbigen Form.

Unscheinbar sandbraun gefärbte Heuschrecke

Auslöser zur Schwarmbildung

Wenn viele Heuschrecken dicht beieinander leben, löst das merkwürdige Dinge aus. Sie verändern ihre Körperform sowie ihr Verhalten und färben sich bunt. Dann vermehren sie sich schnell und bilden Schwärme, die umherziehen.

Der Schwarm

Ein Schwarm kann aus 40 Milliarden Heuschrecken bestehen. Auf der Suche nach Nahrung ziehen die Insekten mit dem Wind weiter und legen jeden Tag 100 bis 200 km zurück.

Scharfe Mundwerkzeuge zum Zerkleinern der Pflanzen

Zwei Flügelpaare

Schwärmende Heuschrecken sind auffällig bunt.

Ein Schwarm kann aus bis zu 180 000 Tonnen Heuschrecken bestehen. Er wiegt dann ungefähr so viel wie 2000 Blauwale.

Ernteschäden

Heuschrecken fressen auch Nutzpflanzen. Verheerend ist es, wenn die gesamte Ernte in kürzester Zeit vernichtet wird. Dann spricht man von einer Plage. Die Insekten verschwinden erst, wenn alles kahlgefressen ist.

Wenn große Gebiete kahlgefressen werden, kann das zu Ernteausfällen und Hungersnöten führen.

BLATTSCHNEIDER-AMEISE

Die meisten Insekten auf der Erde sind Ameisen. Von ihnen gibt es unzählige Milliarden, die riesige Kolonien bilden. Blattschneiderameisen legen oft sehr weite Strecken zurück. In ihre Nester schleppen sie Blattstückchen, die viele Male größer sind als sie selbst.

Blattschneiderameisen schneiden Stücke aus Blättern, um sie tragen zu können.

WALDWANDERUNG

Blattschneiderameisen leben in Kolonien auf dem Waldboden oder unter der Erde. Zu einem Nest gehören bis zu acht Millionen Ameisen. Viele verbringen ihr ganzes Leben auf dem Boden und suchen dort nach geeigneten Blättern. Sobald sie ein Blattstückchen ins Nest gebracht haben, laufen sie wieder los und holen das nächste.

Blattschneiderameisen können Dinge tragen, die 20-mal so viel wiegen wie sie selbst – wie diese Raupe.

Blätter holen

1. Blattschneiderameisen verlassen auf der Suche nach Blättern ihr Nest.

2. Sie schneiden kleine Blattstücke heraus, die sie abtransportieren.

3. Duftmarkierungen weisen den anderen Ameisen den Weg.

Mit ihren scharfen Kiefern können die Ameisen Stücke aus den Blättern schneiden.

Fleißige Arbeiterinnen

Während einige Ameisen im Nest bleiben, machen sich andere auf die gefährliche Suche nach Blättern. Befindet sich das Nest unter der Erde, laufen sie in den Gängen bis zu 30 m weit, bis sie an die Oberfläche gelangen. Dort geht ihr Abenteuer weiter. Sie suchen nach Blättern, die sie zerschneiden können, um die Stücke in das unterirdische Nest zu tragen.

Immer der Duftspur nach

Wenn eine Blattschneiderameise geeignete Blätter gefunden hat, bilden sich in ihrem Körper chemische Duftstoffe. Die Ameise legt mit ihnen eine Spur für ihre Kolleginnen. Deshalb laufen oft Hunderte Ameisen hintereinander dieselbe Strecke.

5. Sehr kleine Ameisen sitzen oft auf den Blättern und verhindern, dass Fliegen ihre Eier auf ihnen ablegen.

4. Die Blattstücke werden ins Nest gebracht.

6. Im Nest züchten andere Ameisen auf den Blattstückchen Pilze.

Pilzgärten

Im Nest tief im Erdboden wachsen auf den Blattstücken, die die Ameisen herbeitransportiert haben, spezielle Pilze. Diese Pilzgärten ernähren die ganze Kolonie.

Die Pilzgärten befinden sich manchmal 6 m unter der Erdoberfläche.

VERSCHIEDENE JOBS

Ameisen haben in der Kolonie verschiedene Aufgaben wie zum Beispiel diese:

Blattschneider

Diese Arbeiterinnen sammeln Blätter, auf denen spezielle Nahrungspilze wachsen.

Königin

In jeder Kolonie gibt es eine Königin. Nur sie legt Eier, aus denen sich junge Arbeiterinnen entwickeln.

Geflügeltes Männchen

Die Männchen paaren sich mit der Königin, sodass neue Ameisen in der Kolonie heranwachsen.

Mistkäfer leben auf allen Kontinenten außer in der Antarktis.

Nachtaktive afrikanische Mistkäfer kommen nur in Afrika vor.

MISTKÄFER

Ein Mistkäfer liebt frischen Mist. Er formt aus dem Kot eines Pflanzenfressers eine Kugel, die er über den Boden rollt. Dabei weist ihm am Tag die Sonne den Weg und nachts orientiert er sich am Mond und an den Sternen. Auf der Erde gibt es etwa 10 000 verschiedene Mistkäferarten.

KUGELN AUS MIST

Ein Mistkäfer ernährt sich vom Mist anderer Tiere. Er fliegt bis zu 48 Kilometer weit, um Nahrung zu finden. Wenn ein Elefant oder ein anderes großes Tier Mist hinterlassen hat, ist der Käfer in wenigen Minuten zur Stelle. Er formt den Kot zu einer perfekten Kugel und rollt sie so schnell wie möglich fort. In einiger Entfernung vergräbt er die Kugel und legt ein Ei hinein. Wenn die Mistkäferlarve schlüpft, ist der Kot ihre Nahrung.

An einem Kothaufen kann man manchmal Hunderte Mistkäfer beobachten. Alle versuchen, eine Kugel aus dem Mist zu rollen.

Schnell weg!

Hat ein Käfer eine Mistkugel geformt, dann wollen alle anderen Käfer sie haben. Sie greifen an und versuchen, die Kugel zu stehlen. Deshalb rollt der Besitzer seine Kugel schnell weit fort.

Licht als Orientierung

Mistkäfer bewegen sich auf geraden Linien, um den anderen Käfern zu entkommen. Tagsüber orientieren sie sich dabei an der Sonne, um die Richtung beizubehalten. Nachtaktive Arten wie zum Beispiel eine südafrikanische Mistkäferart orientieren sich am Mond und den Sternen. Ist der Himmel bewölkt, können die Käfer ihre Kugel nicht geradeaus rollen.

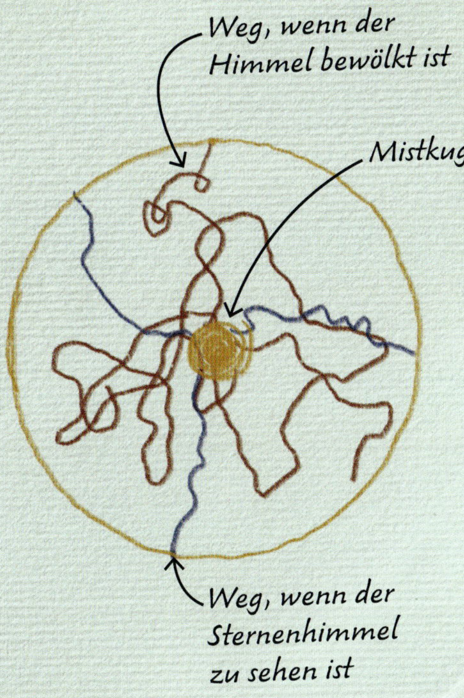

Dieser nachtaktive afrikanische Mistkäfer kann Kugeln rollen, die 50-mal so viel wiegen wie er selbst.

Immer den Sternen nach

Die Milchstraße ist unsere Heimatgalaxie, zu der unser Sonnensystem gehört, und ihre Sterne bilden am Nachthimmel ein helles Band. Auch wenn der Mond nicht scheint, können afrikanische Mistkäfer sich in geraden Linien fortbewegen, weil sie sich an der Milchstraße orientieren.

Diese Spinnen sind in Europa und Teilen Nordamerikas häufig.

Auch in anderen Gegenden auf der Nordhalbkugel kommen sie vor.

WINKELSPINNE

Hoch oben an den Zimmerwänden, oft in einer Ecke, leben verschiedene braune Spinnen. Diese sogenannten Winkelspinnen sind die meiste Zeit nicht aktiv, sondern verharren dort und warten darauf, dass sich ein Insekt in ihrem Netz verfängt. Manchmal kann man aber eine Winkelspinne beobachten, die im Zimmer herumläuft. Was hat sie dann vor? Sie sucht nach einem Partner oder einer Partnerin, um Nachwuchs zu bekommen.

Spinnen haben acht Beine. Mit speziellen Härchen nehmen sie die leiseste Luftbewegung wahr.

SPINNEN IM HAUS

Winkelspinnen leben meist in Schuppen, Garagen oder anderen Außengebäuden. Ihre Netze können sehr groß sein. Von August bis Oktober sind die Spinnen auf Partnersuche und laufen umher. Dann kommen sie manchmal durch offene Fenster oder andere Öffnungen in Häuser.

Jungspinnen schlüpfen

Im Frühjahr schlüpfen die jungen Spinnen aus ihren Eikokons. Nach einer Weile fangen sie an, mit ihren Geschwistern zu kämpfen. Manchmal versuchen sie sogar, sie zu fressen. Dann wird es Zeit, dass sie sich auf den Weg machen, um einen Ort für ihr eigenes kleines Netz zu finden.

Das robuste Außenskelett schützt den weichen Körper.

Die Spinnen wachsen heran

Während des Sommers und im darauffolgenden Winter fangen die kleinen Spinnen Fliegen, die sie mit ihren giftigen Kieferklauen töten. Allmählich werden sie größer. Wenn ihr Außenskelett zu klein wird, häuten sie sich.

Das robuste Außenskelett ist wasserundurchlässig. Auch der behaarte Körper dient dem Schutz der Winkelspinne.

Die Partnersuche

Zum Ende des nächsten Sommers machen sich die Spinnenmännchen auf den Weg, um ein Weibchen zu finden. Dann krabbeln sie auch in Häusern umher. Wenn sie vor einem Fressfeind fliehen, können sie in einer Sekunde 50 cm zurücklegen.

Weibchen

Die Männchen tanzen, um Weibchen zu beeindrucken. Hat ein Weibchen ein Männchen akzeptiert, darf es in ihr Netz krabbeln.

Das Spinnenmännchen verteidigt sein Weibchen gegen andere Männchen.

Männchen sind kleiner als Weibchen. An den Enden ihrer vorderen Beine befinden sich spezielle Organe.

Der Kreislauf beginnt von vorn

Nach der Paarung stirbt das Männchen. Das Weibchen legt im folgenden Frühjahr Eier und der Lebenszyklus beginnt aufs Neue. Wenn das Spinnennetz nicht zerstört wird, benutzen die jungen Spinnen es weiter, obwohl die Spinne, die es gebaut hat, bereits tot ist.

Spinnenweibchen legen ihre Eier in Kokons aus Seide. Ein Kokon kann Hunderte Eier enthalten.

Mit ihren Spinndrüsen produziert die Spinne einen Seidenfaden.

FLIEGENDE SPINNEN

Die meisten Spinnen weben erstaunliche Netze. Viele Arten nutzen ihre Seidenfäden aber auch anders: Sie fliegen mit ihnen durch die Luft, um neue Lebensräume zu besiedeln. Man konnte Spinnen schon 4 Kilometer hoch in der Luft und Tausende Kilometer von der Küste entfernt über dem Meer beobachten.

Der ganze Boden ist mit Spinnennetzen bedeckt.

STATISCHE ELEKTRIZITÄT

Spinnen können fliegen, weil sie die statische Elektrizität der Erdatmosphäre nutzen. Statische Elektrizität bewirkt auch, dass dir die Haare zu Berge stehen, wenn du einen Luftballon am Pullover reibst und dann über deinen Kopf hältst.

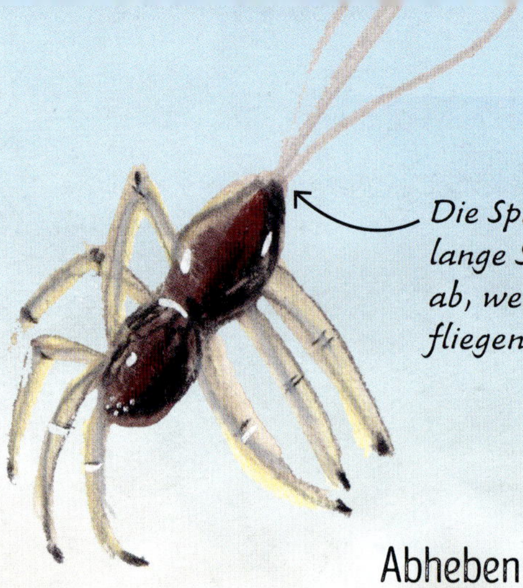

Die Spinne sondert lange Seidenfäden ab, wenn sie fliegen möchte.

Abheben

Nun schneidet die Spinne den Seidenfaden ab, mit dem sie verankert war. Wegen der statischen Elektrizität hebt sie ab.

Vorbereitung auf den Flug

Die Spinne läuft an eine hoch gelegene Stelle. Dort verankert sie sich mit einem Faden und hebt ihre vorderen Beine hoch. Mit ihnen nimmt sie das elektrische Feld und die Wetterbedingungen wahr. Sind die Bedingungen gut, stellt sie sich auf ihren hinteren Beinen auf.

Spinnen nehmen das elektrische Feld mit winzigen Haaren an den Beinen wahr, die man Trichobothrien nennt.

AUF WEITEN REISEN

Robinson Crusoe Island

Die abgelegene Insel vor der chilenischen Küste entstand vor vier Millionen Jahren nach einem Vulkanausbruch. Bald siedelten sich Zartspinnen an, die 670 km weit über das Meer geflogen waren.

Vermutlich halten die Spinnen im Flug mit ihren Beinen das Gleichgewicht.

Mit dem Wind

In der Luft nutzen Spinnen die Luftströmungen. Mit ihnen bewegen sie sich in verschiedene Richtungen, hoch hinauf oder wieder zum Erdboden. Wahrscheinlich können sie kaum beeinflussen, wohin der Wind sie verweht.

Spinnenlandung auf der *Beagle*

Als der britische Naturforscher Charles Darwin 1832 an Bord des Schiffs *Beagle* auf dem offenen Meer unterwegs war, entdeckte er plötzlich viele rote Spinnen, die in der Takelage saßen. Darwin konnte sich das nicht erklären, aber wahrscheinlich waren die Spinnen durch die Luft geflogen und auf den Seilen gelandet.

Massenflug

Als es 2012 nach heftigen Regenfällen Überschwemmungen in Australien gab, flogen Millionen Spinnen fort. Die Spinnenseide in der Luft erinnerte an einen Schneesturm.

Jungspinnen

Wenn kleine Spinnen das Netz ihrer Mutter verlassen, fliegen sie oft durch die Luft zu neuen Lebensräumen. So kommen sie viel weiter, als wenn sie krabbeln würden.

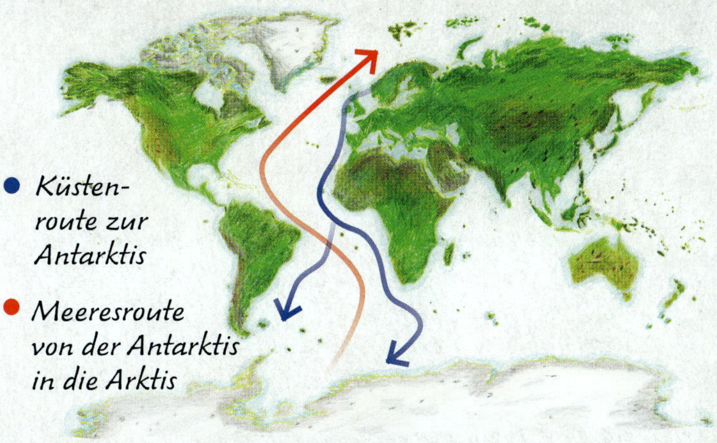

KÜSTEN-SEESCHWALBE

Kein anderes Tier legt so weite Strecken zurück wie die Küstenseeschwalbe. Diese Vögel fliegen jedes Jahr von der Arktis bis in die Antarktis und wieder zurück und legen auf ihrer Rundreise ungefähr 36 000 Kilometer zurück.

Die Küstenseeschwalbe hat lange Flügel. Ihre Flügelspanne beträgt etwa 80 cm.

ENORME STRECKEN

Mehr als ein Drittel aller Vogelarten sind Zugvögel. Im Herbst machen sie sich auf die Reise, um anderswo Nahrung zu suchen, und kehren im nächsten Frühjahr wieder in ihre Sommergebiete zurück. Die Küstenseeschwalbe zieht viele Tausend Kilometer weit. Im Lauf ihres Lebens fliegt sie ungefähr so weit wie zum Mond und wieder zurück!

Die Männchen fliegen niedrig über die Brutplätze, um Weibchen anzulocken.

Nachwuchs

Küstenseeschwalben halten sich von Mai bis August in der Arktis auf, wenn dort Sommer ist. Sie brüten versammelt in Kolonien und ziehen ihre Jungen groß. Wenn die jungen Seeschwalben flügge geworden sind, also fliegen können, beginnt die lange Reise.

Die Küken verlassen das Nest, wenn sie drei Monate alt sind.

Flug in den Süden

Die Vögel fliegen über den Atlantik bis in die Antarktis. Sie folgen dabei zwei verschiedenen Routen: Eine führt entlang der afrikanischen und die andere entlang der südamerikanischen Küste.

Nahrungssuche im Winter

Wenn sie in der Antarktis ankommen, müssen die Seeschwalben sich ausruhen und fressen. In der Antarktis ist von November bis Februar Sommer. Die Vögel erleben deshalb zwei Sommer hintereinander, in denen es die meiste Zeit des Tages hell ist.

Die Seeschwalben fangen auf ihrem Zug Fische. Aus dem Rüttelflug tauchen sie blitzschnell ins Wasser.

Beim Rüttelflug schweben sie über der Erde, ohne sich in eine Richtung zu bewegen.

Flug in den Norden

Auf ihrem Rückflug in die Brutgebiete nehmen die Vögel einen anderen Weg über den Atlantik. Sie fliegen nicht entlang der Küsten, sondern direkt über den Ozean. Dabei nutzen sie starke Winde.

Körperbau der Seeschwalben

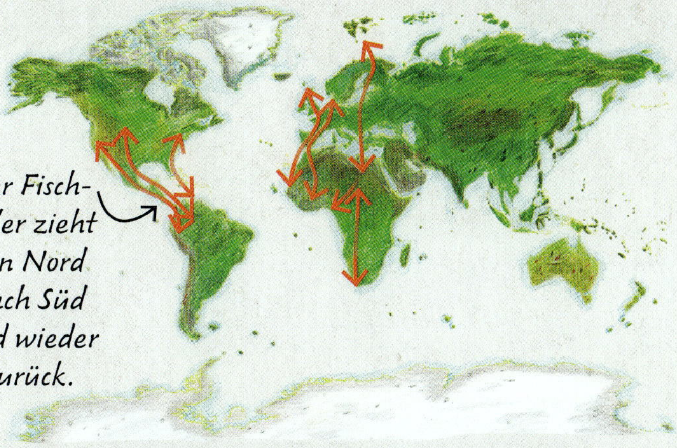

FISCHADLER

Fischadler sind fast weltweit verbreitet und viele von ihnen ziehen Tausende Kilometer weit. Jedes Jahr machen sie lange und gefährliche Reisen, um den Winter in wärmeren Gegenden zu verbringen. Die Greifvögel ziehen einzeln, kehren aber jedes Jahr zum selben Partner zurück.

Fischadler können die glitschigen Fische festhalten, indem sie ihre äußeren Zehen nach hinten bewegen. Außerdem sind die Fußsohlen der Fischadler mit Häkchen besetzt.

GEFÄHRLICH

Im Frühjahr verlassen Fischadler ihre Wintergebiete im Süden und fliegen in ihre Brutgebiete im Norden. Die Reise dauert mehrere Wochen. Viele Vögel sterben bei Stürmen oder an Erschöpfung. Andere kommen an Stromleitungen zu Tode.

Nestbau

Im Frühjahr kommt zuerst das Männchen und später das Weibchen am Nest an. Viele Vögel kehren immer zum selben Horst zurück. Manche Nester werden 20 Jahre lang genutzt.

Im Sommer

Im ersten Sommer füttern die Eltern ihre Jungen. Wenn sie etwa 50 Tage alt sind, lernen sie fliegen und danach, wie man Fische fängt. Sie werden allmählich so kräftig, dass sie die lange Reise in den Süden antreten können.

Der Rückflug

Wenn es kälter wird, fliegen Fischadler in wärmere, südlichere Gebiete. Die Weibchen brechen zuerst auf, dann folgen ihnen die Männchen und schließlich die Jungvögel. Fischadler fliegen während des Tages. Um Energie zu sparen, nutzen sie über dem Land und dem Meer Säulen aufsteigender warmer Luft.

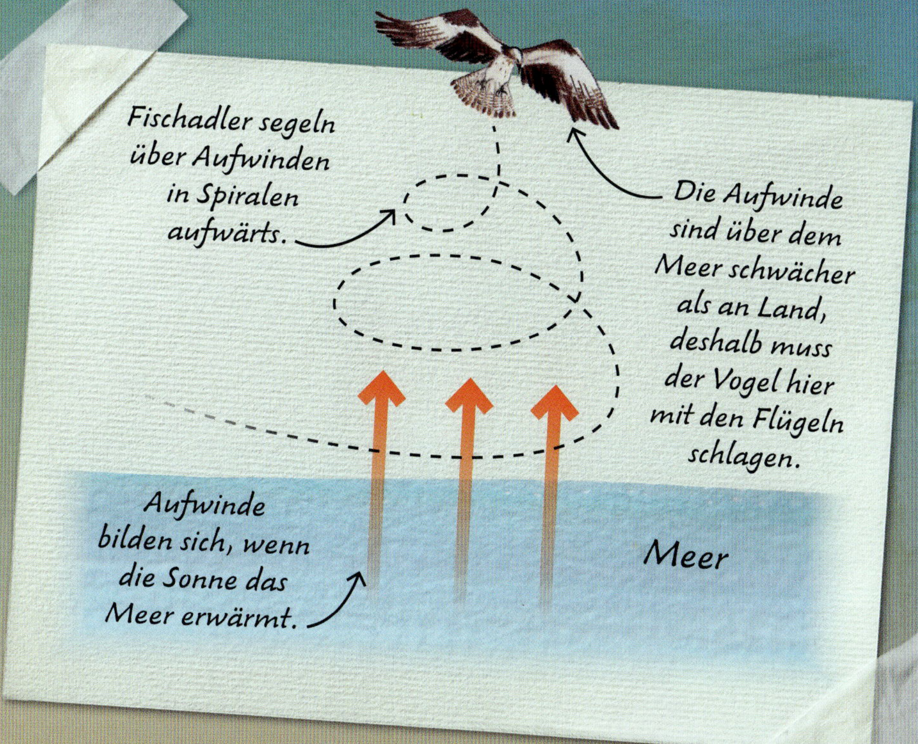

Überwinterungsgebiete

Es hängt von den Brutgebieten ab, wo Fischadler den Winter verbringen. In Großbritannien und Mitteleuropa brütende Vögel ziehen zum Beispiel nach Westafrika. Vögel, die an der Ostküste Nordamerikas brüten, überwintern im Amazonasgebiet.

Fischadler tragen Fische zu ihrem Nest, um dort zu fressen.

ZUG UND ORIENTIERUNG

Unterschiede

Einige Fischadler, die im Norden leben, ziehen mehrere Tausend Kilometer weit, andere nur einige Hundert. Manche bleiben immer im selben Gebiet.

Im Alleinflug

Junge Fischadler treten ihre erste Reise allein an, denn ihre Eltern sind einige Wochen früher aufgebrochen. Bisher weiß niemand, wie die Vögel den langen Weg allein finden.

Die Schwalben ziehen auf verschiedenen Routen.

RAUCHSCHWALBE

Rauchschwalben sind kleine Vögel, die sehr weite Reisen machen. Jedes Jahr ziehen sie auf der Suche nach Nahrung über den Äquator. Ihre Jungen wachsen im Sommer im Norden auf. Im Herbst fliegen alle Vögel in den Süden, denn dort gibt es dann mehr Insekten. Manche ziehen von Nord- nach Südamerika, andere von Europa nach Afrika oder über Asien.

Rauchschwalben haben gegabelte Schwänze und rote Kehlen.

SOMMERGÄSTE

Rauchschwalben, die in Europa brüten, verbringen den Winter an der Südspitze Afrikas. Im Frühling ziehen sie wieder nach Norden. Auf ihrer Reise legen sie insgesamt etwa 12 000 Kilometer zurück. Sie fliegen über die riesige Wüste Sahara und über Mitteleuropa und einige noch weiter bis nach Großbritannien oder Skandinavien.

Im Sommer

Im Frühsommer kommen die Rauchschwalben in Mittel- und Nordeuropa an. Sie bauen in Scheunen, Ställen und ähnlichen Gebäuden Nester aus Schlamm und Stroh. Viele kehren in jedem Frühjahr zum selben Nest zurück. Sie füttern ihre Jungen mit Insekten, die sie aus der Luft fangen.

Sammeln zum Abflug

Wenn der Sommer zu Ende geht und es allmählich kälter wird, bereiten sich die Schwalben auf ihren langen Zug in den Süden vor. Oft kann man beobachten, wie sie sich vor der Abreise auf Telefon- oder Stromleitungen sammeln. Im Oktober sind alle Jungvögel flügge und die Reise kann beginnen.

Langstreckenflug

Die Schwalben fliegen aus dem Norden, zum Beispiel von Großbritannien aus, in Richtung Süden. Sie durchqueren Frankreich, Spanien und Marokko. Auf ihrem Weg fangen sie im Flug Insekten. Schließlich erreichen sie die riesige Wüste Sahara.

Oase in der Wüste

In der Wüste Sahara gibt es Oasen mit Wasser. Nach ihrer langen Reise sind die Schwalben durstig, aber das Wasser ist salzhaltig, deshalb fangen die Vögel Salzfliegen. Diese Insekten filtern das Salz aus dem Wasser, bevor sie es aufnehmen. Für durstige Vögel sind sie deshalb eine gute Wasserquelle.

Eine Rauchschwalbe kann am Tag 320 km weit fliegen.

Im Süden Afrikas

Die Reise geht weiter, bis die Rauchschwalben Südafrika erreicht haben. Hier ist es warm und die Vögel finden viele Insekten.

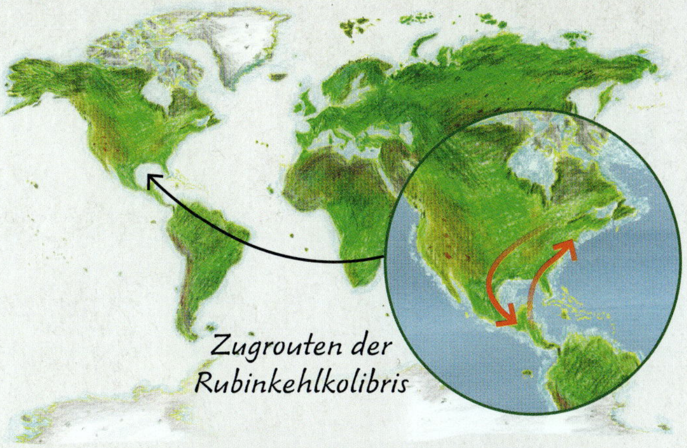

Zugrouten der Rubinkehlkolibris

KOLIBRI

Die meisten Kolibris bleiben während des ganzen Jahres in warmen Regionen, aber einige Arten fliegen in den Norden, um dort zu brüten. Sie ziehen bis zu 37 Kilometer am Tag. Wenn man bedenkt, wie klein sie sind, sind das sehr weite Strecken. Während des Tages fliegen sie niedrig, sodass sie immer wieder Nektar trinken können. Weil Kolibris einzeln ziehen, müssen die Jungvögel den Weg ohne die Hilfe ihrer Eltern finden.

Der kleine Rubinkehlkolibri fliegt ohne Pause durch Nordamerika und überquert dabei den Golf von Mexiko.

KLEINE WANDERER

Nach einem langen, kalten, schneereichen Winter in den Rocky Mountains hat eine Familie in Wyoming (USA) einen Futterspender aufgehängt, der mit zuckerhaltigem Sirup gefüllt ist. Er soll Kolibris anlocken. Diese kleinen, hübschen Vögel schlagen unglaublich schnell mit ihren Flügeln. Jedes Jahr fliegen sie zu denselben Nahrungsgebieten und legen dabei Tausende Kilometer zurück.

Kolibris überleben die kalten Nächte im Gebirge, weil ihr Herz langsamer schlägt und ihre Körpertemperatur sinkt. Man nennt diesen Schlafzustand Torpor.

Breitschwanzkolibri

BREITSCHWANZKOLIBRI

Länge: 8–10 cm
Gewicht: 3–4 g
Flügelspannweite: 13 cm
Lebenserwartung: Bis 12 Jahre
Flügelschläge: 50 pro Sekunde

Breitschwanzkolibri

Im zeitigen Frühjahr brechen die Kolibris in Mexiko auf und fliegen in die USA bis nach Arizona, Colorado, Wyoming, Montana oder Idaho. Sie ziehen ins Gebirge, um dort zu brüten. Später fliegen sie zurück in den Süden, wo sie überwintern.

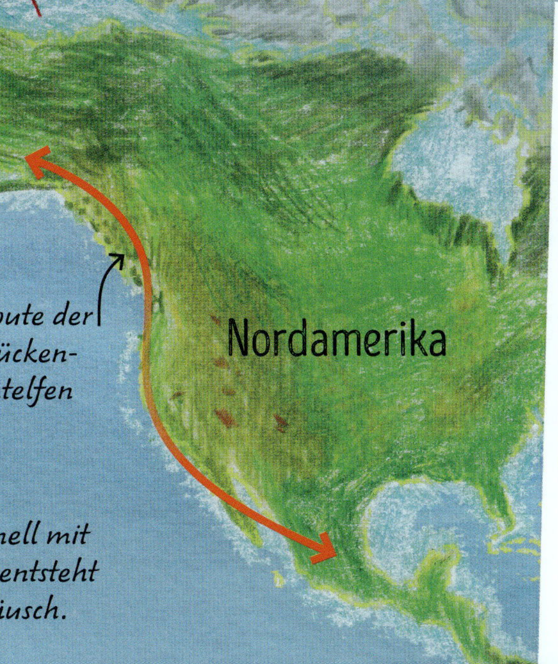

Wenn Kolibris blitzschnell mit ihren Flügen schlagen, entsteht ein summendes Geräusch.

Kolibris bauen aus Moos, Zweigen und Spinnweben Nester, die sich ausdehnen können, wenn die Küken größer werden.

Rotrücken-Zimtelfe

Dieser Kolibri legt von Alaska bis nach Mexiko über 6270 km zurück. Kein ähnlich großer Vogel macht so weite Reisen. Er vertreibt alle anderen Kolibris, die ihm zu nahe kommen, von seiner Nahrung.

Diese Vögel fliegen auf ihren Balzflügen bis zu 80 km/h schnell.

Kolibris ernähren sich auf ihrem Zug von zuckerhaltigem Blütennektar und eiweißreichen Insekten.

ROTRÜCKEN-ZIMTELFE

Länge: 7–9 cm
Gewicht: 2–5 g
Flügelspannweite: 11 cm
Lebenserwartung: Bis 12 Jahre
Flügelschläge: 52–62 pro Sekunde

Der Wanderalbatros kommt in den Meeren im Süden der Erde vor.

WANDERALBATROS

Kein anderer Vogel hat eine Flügelspannweite von bis zu 3,5 Metern. Nur selten kommt der Wanderalbatros auf das Festland. Er kann sehr weite Strecken gleiten, ohne mit den Flügeln zu schlagen, und über 60 Jahre alt werden. Keine andere Vogelart legt im Lauf ihres Lebens so weite Strecken zurück wie er.

Albatrosse brüten an Land und legen ein einziges Ei in ein Nest aus Schlamm, Moos und Gräsern.

LEBEN IM FLUG

Wenn ein junger Wanderalbatros sein Nest verlässt, kehrt er erst nach fünf bis sieben Jahren wieder an Land zurück. Bis dahin verbringt er sein Leben in der Luft oder ruht auf dem Wasser. Selbst erwachsene Vögel verbringen den größten Teil ihres Lebens im Flug. Im riesigen Südlichen Ozean fangen sie in der Nacht Kalmare, Krebstiere und kleine Fische.

Dynamischer Segelflug

Albatrosse nutzen die Kraft des Winds, um zur Meeresoberfläche herabzustoßen. So sparen sie Energie. Sie fliegen gegen den Wind in die Höhe und gleiten dann mit dem Wind wieder herab. Das nennt man dynamischen Segelflug.

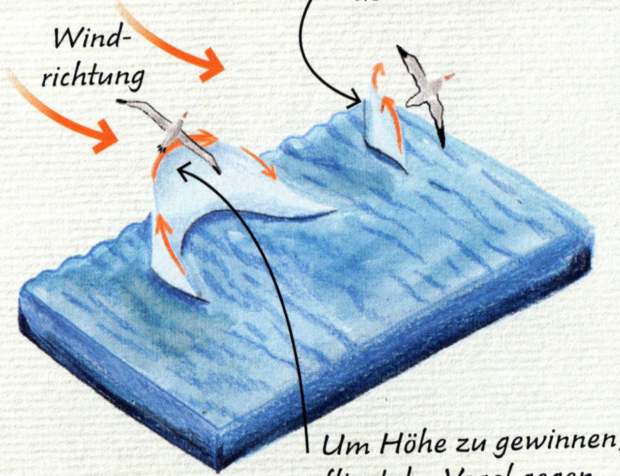

Wanderalbatrosse sammeln sich auf abgelegenen antarktischen Inseln. Sie tanzen gemeinsam, bevor sie brüten. Wenn sich ein Paar gefunden hat, bleibt es ein Leben lang zusammen.

Langer Brutzyklus

Alle zwei Jahre kommt das Vogelpaar an Land. Das Weibchen legt ein Ei und beide Eltern brüten es elf Wochen lang aus. Wenn das Küken geschlüpft ist, fliegen die Eltern ein Jahr lang immer wieder auf das offene Meer hinaus, um Nahrung für ihr Junges zu fangen.

Manchmal frisst ein Albatros so viel, dass er nicht mehr fliegen kann. Dann ruht er sich einige Stunden lang auf dem Wasser aus.

Erforschung der Routen

Weil Forschende Vögel mit Sendern versehen haben, weiß man, dass Wanderalbatrosse auf einer einzelnen Reise mehr als 15 000 km fliegen können. Ein Albatros flog in nur zwölf Tagen 6000 km weit.

Albatrosküken sind riesig. Sie wiegen ungefähr 12 kg, wenn sie das Nest verlassen.

Der Wanderalbatros ist vor allem wegen illegalem Fischfang bedroht. Jedes Jahr sterben ungefähr 100 000 Vögel, weil sie sich in Fischernetzen verfangen.

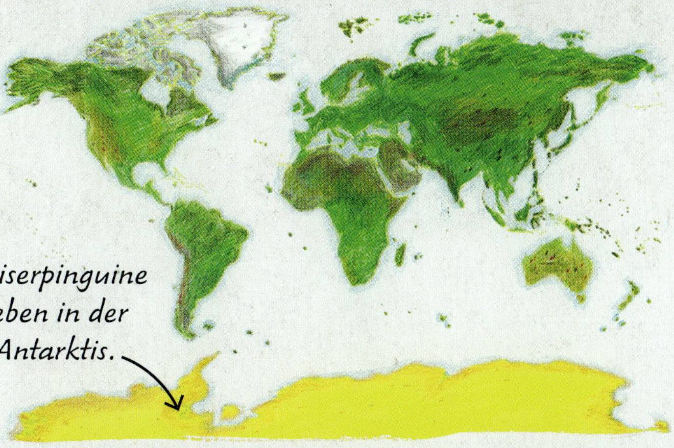

Kaiserpinguine leben in der Antarktis.

KAISERPINGUIN

Die Antarktis ist der kälteste, trockenste und windigste Kontinent der Erde und trotzdem brüten hier in jedem Winter ungefähr eine halbe Million Kaiserpinguine. Über das Eis wandern sie weite Strecken zu ihren Brutplätzen und ziehen ihre Küken jedes Jahr im selben Gebiet auf.

Kaiserpinguine sind die größten und schwersten Pinguine. Sie werden ungefähr 115 cm hoch. Das dichte Gefieder und eine dicke Fettschicht halten den Körper warm.

EISIGE REISE

Im April bilden Kaiserpinguine Paare. Dann läuft die ganze Kolonie 120 Kilometer weit zu den Brutplätzen. Auf ihrer Reise überstehen die Vögel Temperaturen von –40 °C und Stürme, die mit bis zu 145 Stundenkilometern wehen.

Die Pinguine drängen sich aneinander, um sich gegenseitig zu wärmen.

Zeit der Nahrungssuche

Im Juni legt das Pinguinweibchen ein Ei, das es an seinen Partner übergibt. Dann läuft es über das Eis zum Meer, um Fische und Kalmare zu jagen. Kaiserpinguine können bis zu 20 Minuten lang im eiskalten Wasser tauchen.

Der Vater brütet

Die Mutter bleibt zwei Monate lang auf dem Meer, während sich der Vater um das Ei kümmert. Er kann sich kaum bewegen, denn sonst würde das Ei von seinen Füßen herunterfallen. In dieser ganzen Zeit lebt er von seinen Fettreserven.

Der Vater balanciert das Ei vorsichtig auf seinen Füßen. Sein dichtes Federkleid wärmt wie eine Daunendecke. Schließlich schlüpft das Küken.

Wieder vereint

Nachdem die Mutter zwei Monate im Meer verbracht und gejagt hat, läuft sie über das Eis zurück. In ihrem Magen transportiert sie Nahrung, die sie für ihr geschlüpftes Küken hochwürgt und an es verfüttert.

Die Küken kuscheln sich zusammen, um sich gegenseitig zu wärmen.

Erste Wanderung zum Meer

Die Eltern sorgen für ihr Küken. Sie halten es warm und wandern abwechselnd zum Meer, um Futter herbeizuschaffen. Schließlich wird das Junge so kräftig, dass die ganze Familie auf Nahrungssuche gehen kann.

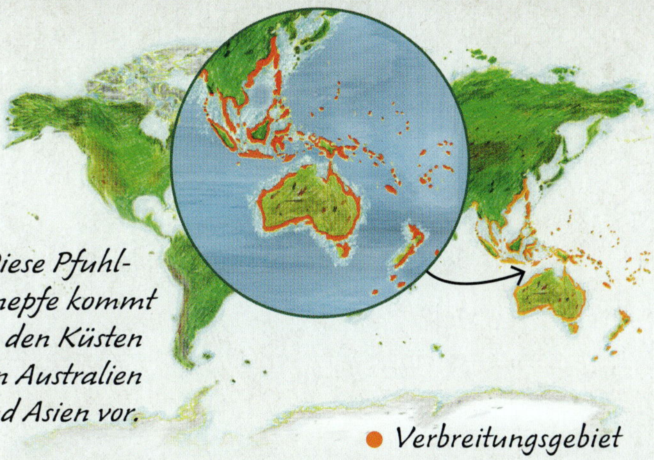

Diese Pfuhlschnepfe kommt an den Küsten von Australien und Asien vor.

● Verbreitungsgebiet

PFUHLSCHNEPFE

Alle Pfuhlschnepfen fliegen sehr weite Strecken und die Unterart *Limosa lapponica baueri* *(L.l. baueri)* ist die Rekordhalterin: Diese Vögel fliegen die weitesten Wege, ohne eine Pause einzulegen. In weniger als einer Woche umrunden sie ein Viertel der Erde.

AUF WELTREISE

Jeden Sommer fliegen die Pfuhlschnepfen von Neuseeland nach Alaska und wieder zurück – eine Strecke von 11 680 Kilometern. Kein anderes Tier fliegt so weite Strecken, ohne eine Pause einzulegen, wie die Pfuhlschnepfe in den Süden.

Aufbruch

Im März brechen die Vögel nach Neuseeland auf. Zunächst fliegen sie nach Nordwesten. Weil sie ständig mit den Flügeln schlagen müssen, können sie niemals schlafen. In China legen sie eine Pause ein und fangen Meerestiere, um ihre Energievorräte aufzufüllen.

Weibchen legen bis zu vier Eier. Nach drei Wochen schlüpfen die Küken und beide Eltern kümmern sich um sie.

Brutgebiete

Später fliegen die Pfuhlschnepfen zu ihren Brutgebieten in Alaska. Sie kommen im Mai an und verbringen zwei Monate dort, um Eier zu legen und ihre Küken großzuziehen.

Direkter Flug

Im August ziehen die Pfuhlschnepfen ohne Pause von Alaska bis nach Neuseeland. Sie fliegen über das offene Meer und nach höchstens elf Tagen ist ihre Reise zu Ende.

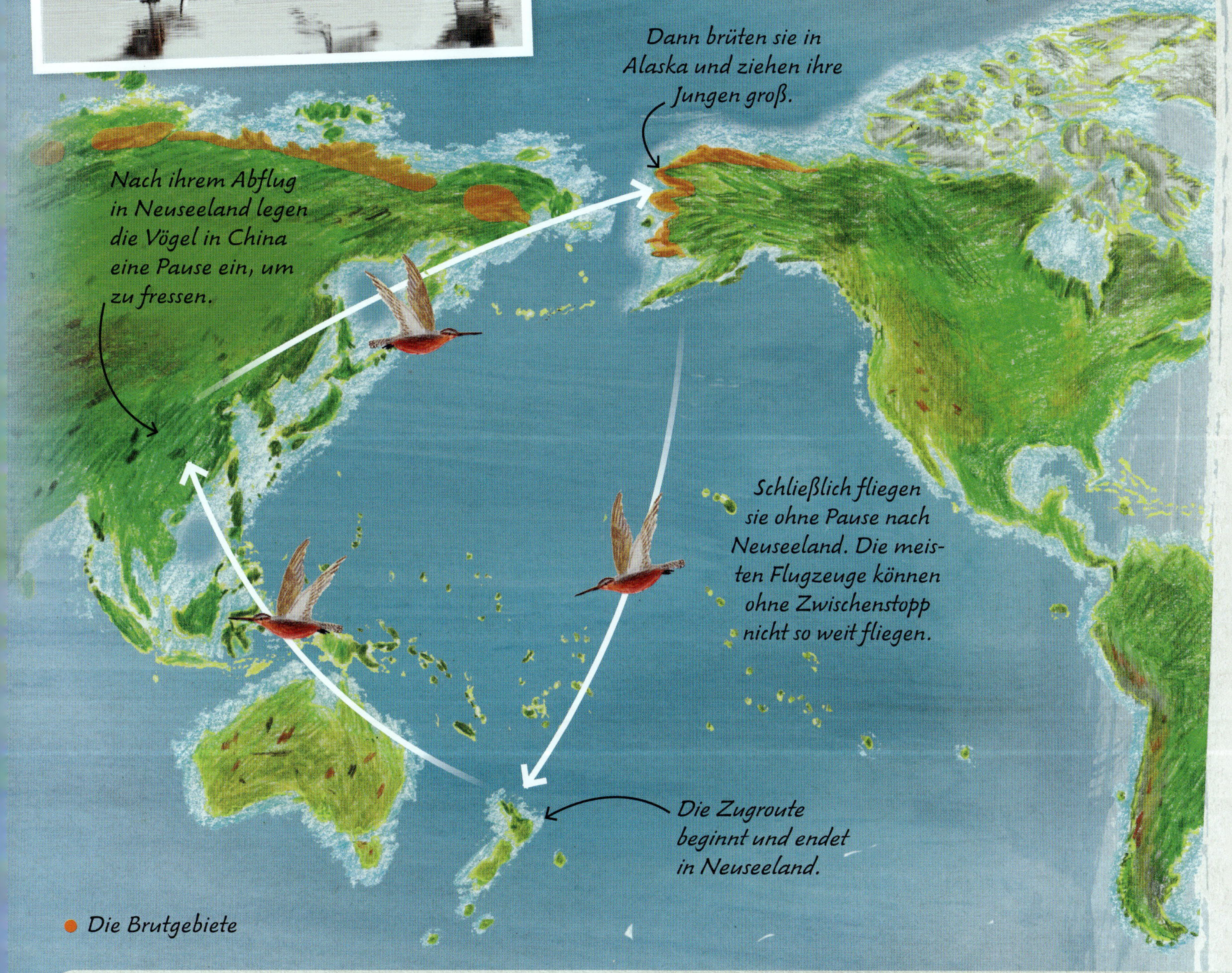

Sommerkleid

Im Sommer färbt sich das Gefieder der Männchen leuchtend bunt, denn jetzt werben die Vögel um Weibchen.

Winterkleid

Im Winter wechseln die Männchen ihr Federkleid. Mit ihrem grau-weißen Gefieder sind sie in der Winterlandschaft gut getarnt.

Eisbären leben vor allem in der Arktis und den nördlichen Regionen Kanadas.

EISBÄR

Eisbären sehen pelzig und freundlich aus, aber sie sind sehr große, starke und gefährliche Landraubtiere. Sie müssen im Eis und Schnee der Arktis überleben, wo es an Land und im Wasser sehr kalt ist. Die Bären wandern während des ganzen Jahres umher, weil das Eis in ihrer Umgebung schmilzt oder in Bewegung ist.

Eisbären sind hervorragende Schwimmer und legen im Wasser weite Strecken zurück. Sie können ihren Atem drei Minuten lang anhalten.

WANDERUNGEN ÜBER DAS EIS

Eisbären jagen auf Eisschollen, die auf dem Meer treiben. Im Lauf der Jahreszeiten folgen sie dem Eis. Die Strecken hängen davon ab, wie sich das Meereis im Winter ausbreitet und im Sommer zurückzieht.

Robben sind die liebste Mahlzeit der Eisbären. Auf der Jagd wandern die Raubtiere bis zu 1500 km weit. Wenn die Nahrung knapp ist, fressen sie auch tote Wale.

Auf Robbenjagd

Eisbären erbeuten Robben. Eine Robbe ist eine große, fetthaltige Mahlzeit, sodass sich auch der Eisbär eine Speckschicht zulegen kann, die seinen Körper wärmt. Bären sind kräftige Raubtiere, die allein auf die Jagd gehen. Sie erschnüffeln Robben in weiter Entfernung und verfolgen sie auf dem Meereis oder im Wasser.

Einen Bau graben

Im Winter graben die Eisbärweibchen Baue in den Schnee. Die meisten Mütter bringen zwei Junge zur Welt. Während der ersten drei Monate ihres Lebens ist es im Bau warm und sicher für die Kleinen. Im Frühjahr sind die jungen Bären so groß, dass sie den Bau verlassen können, um auf weite Wanderungen aufzubrechen.

Die Weibchen kümmern sich im Bau um ihre Jungen. Die Kleinen trinken die Milch ihrer Mutter, fressen Robbenfett und wachsen rasch heran.

Die Kälte überstehen

Eisbären sind perfekt an das Leben in der Arktis angepasst. Ihre Haare sind durchsichtig, aber im Schnee sieht ihr Fell weiß aus. So sind sie in ihrer Umgebung gut getarnt, wenn sie auf der Jagd oder auf Wanderschaft sind.

Eisbären haben eine schwarze Haut, die sich in der Sonne erwärmt, aber das sieht man nur um die Nase.

Kopf und Ohren sind klein. So geht nur wenig Körperwärme verloren.

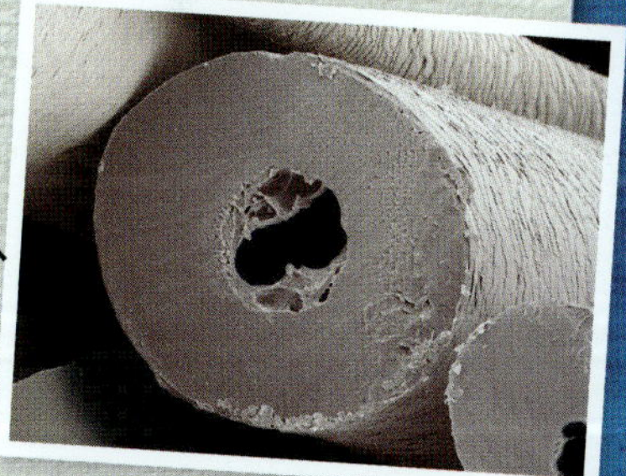

Das Haar ist hohl, sodass die Sonnenwärme zur Haut geleitet wird.

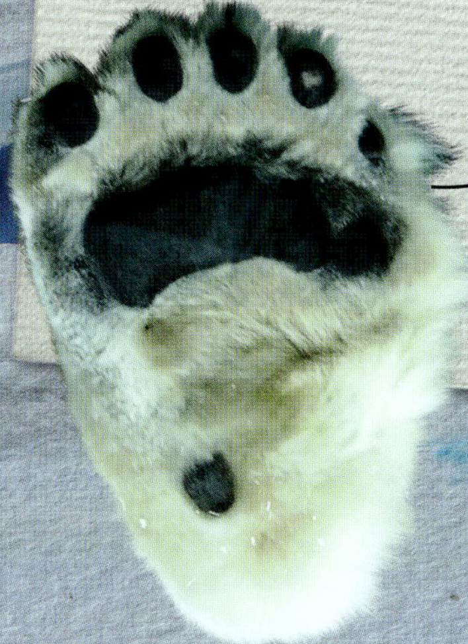

Mit den rauen Ballen an den Sohlen und den scharfen Krallen rutschen die Bären auf dem glatten Eis nicht aus.

Die dicke Fettschicht unter dem Fell ist eine zusätzliche Isolierung.

Fischotter kommen in ganz Europa, Teilen Asiens und im nördlichen Afrika vor.

FISCHOTTER

Fischotter können hervorragend schwimmen und verbringen ihr Leben im Wasser und an Land. Sie wandern weite Strecken, wenn sie auf der Suche nach neuen nahrungsreichen Gebieten sind wie Flüssen, Seen, Bächen und Sümpfen. Meistens wandern sie in der Nacht, aber mit ein wenig Glück kannst du ihnen auch tagsüber begegnen.

Fischotter leben meist bei Flüssen, aber manchmal sieht man sie auch am Meer.

JÄGER AUF WANDERSCHAFT

Fischotter bleiben nie lange in einer Gegend. Sie wandern ständig weiter und schwimmen dabei oft viele Kilometer flussaufwärts und flussabwärts, während sie Fische, Krabben, Wasservögel, Frösche und kleine Säugetiere wie Wühlmäuse jagen. Häufig haben Fischotter einen Heimatfluss, in den sie immer wieder zurückkehren, aber sie besuchen auch andere Gewässer.

Fischotter sind hervorragende Jäger. 80 Prozent ihrer Nahrung besteht aus Fischen.

Körperbau

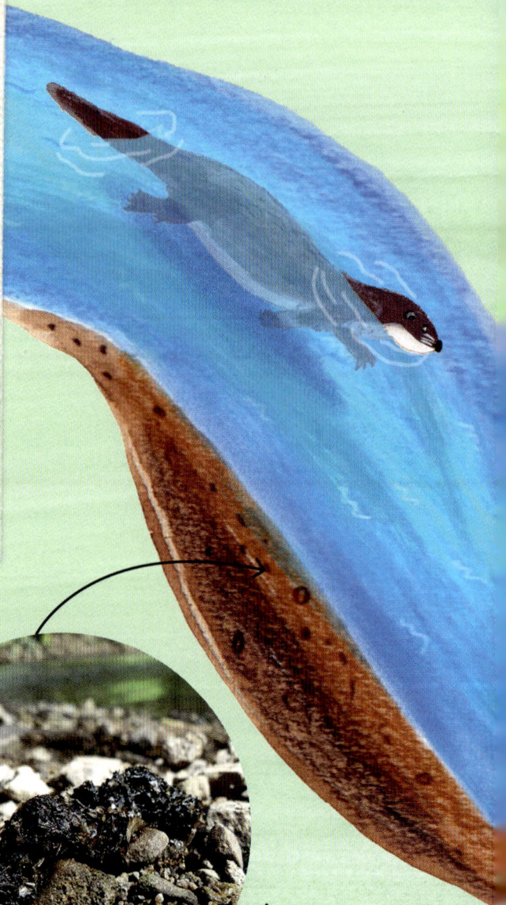

Schon besetzt!

Otter markieren ihr Revier mit ihrem Kot, den man auch Losung nennt. Sie hinterlassen ihn an Stellen, die für andere Fischotter auffällig sind, etwa am Flussufer oder an umgestürzten Bäumen, Felsen oder Schwemmholz. Die Losung kann Fischschuppen, die Beine von Krebsen oder andere Nahrungsreste enthalten.

Losung

Sicheres Versteck

Fischotter graben ihre Baue an Flussufern und ruhen dort während des Tages. Weibchen halten sich mit ihren Jungen häufig im Bau auf. Ein Fischotterbau hat mehrere Eingänge, die oft zwischen Baumwurzeln verborgen sind.

Mütter wandern mit ihren Jungen umher und bringen ihnen bei, wie man jagt und schwimmt.

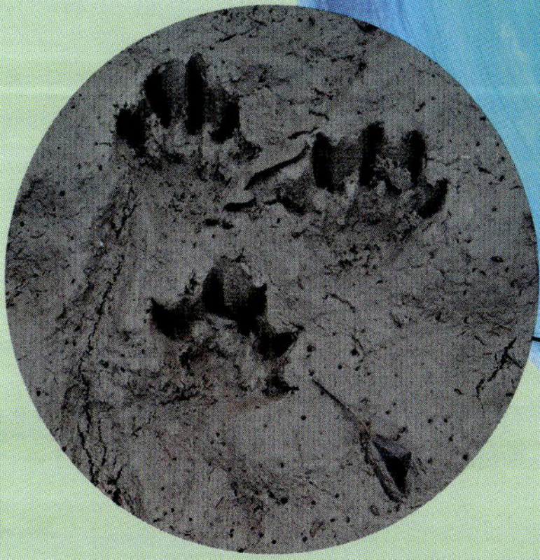

Fischotter verstecken sich rasch, wenn sich Menschen nähern. Manchmal kann man ihre Spuren sehen. Zwischen den fünf Zehen erkennt man Schwimmhäute.

Kein Platz mehr für Otter

Viele Flüsse, in denen früher Fischotter gelebt haben, fließen heute durch Städte oder Dörfer und werden von den scheuen Tieren gemieden. Straßen sind für die Tiere eine große Gefahr. Jedes Jahr werden viele Fischotter überfahren.

Gnus wandern auf einer kreisförmigen Route durch Ostafrika.

GNU

Gnus bilden in einer riesigen Herde die größte Tierwanderung an Land. Über zwei Millionen Gnus ziehen in einer 480 Kilometer langen Schleife durch die Serengeti und das Schutzgebiet Masai Mara in Kenia und Tansania. In den verschiedenen Gegenden regnet es nur zu bestimmten Jahreszeiten. Die Gnus wissen genau, dass in Gebieten, in denen Regen fällt, frisches Gras wächst.

Gnus sehen Rindern ähnlich, aber sie gehören zu den Antilopen.

SPEKTAKULÄR

Auf ihrer alljährlichen Wanderung bringen die Gnumütter ihre Jungen zur Welt. An Land lauern ihnen Raubtiere und im Wasser Krokodile auf. Die Wanderung gehört zu den großartigsten Naturschauspielen der Erde.

Januar

Die Gnus kommen in der südlichen Serengeti an, wo ihre Kälber zur Welt kommen. Kleine Gnus können schon wenige Minuten nach der Geburt stehen und laufen. Das ist für sie lebenswichtig, weil ihnen Löwen und Hyänen auflauern.

September

Wenn die Herden in der nördlichen Serengeti ankommen, wartet dort die größte Herausforderung. Die Flussufer der Mara sind steil und das Wasser ist reißend. Im November werden die Gnus wieder in den Süden ziehen.

Es kann Tage dauern, bis sich die ersten Gnus in den gefährlichen Fluss wagen.

Juli

Ist das Gras in der westlichen Serengeti abgeweidet, ziehen die Herden auf die grasbewachsenen Ebenen der Masai Mara. Dabei müssen sie ihren ersten Fluss überqueren, den Grumeti. Im Wasser lauern hungrige Krokodile.

März

Während die Kälber heranwachsen, beginnt das Gras zu vertrocknen. Die Gnus sammeln sich in Herden, die aus bis zu 250 000 Tieren bestehen. Bald ziehen sie in Richtung Nordwesten. Hungrige Raubtiere folgen den Herden.

Mai

Die Gnus wandern in Reihen, die bis zu 40 km lang sein können. Schließlich erreichen sie die Ebenen und Waldgebiete der westlichen Serengeti.

Die Wanderungen der Gnus lassen sich sogar vom Weltall aus beobachten.

In Mali führt die Wanderroute der Elefanten im Kreis.

AFRIKANISCHER ELEFANT

Ein gutes Gedächtnis nennt man auch „Elefantengedächtnis", und das zu Recht. Jedes Jahr ziehen Afrikanische Elefanten auf alten Wanderrouten, die sie zu Nahrungsgebieten und Wasserstellen führen. Jede Gruppe wandert auf einer anderen Route. Wenn Menschen sie am Wandern hindern, kann das für die Herde zum großen Problem werden.

Elefantenherden bestehen aus den Weibchen mit ihren Jungen. Die Bullen bleiben unter sich.

GROSSE WANDERER

Afrikanische Elefanten sind die größten Landsäugetiere. Sie können heiße, trockene Gegenden besiedeln, brauchen aber viel Platz, um genügend Nahrung und Wasser zu finden. Viele Jahrhunderte lang haben Elefantenherden überall in Afrika weite Wanderungen gemacht und wir fangen gerade erst an, sie zu verstehen.

Die Reise beginnt

Während der langen Trockenzeit von Juli bis Oktober ist Wasser schwer zu finden. Die Matriarchin (das erfahrenste, älteste Weibchen) führt die Herde an. Dank ihres sehr guten Gedächtnisses und da sie zur Orientierung das Magnetfeld der Erde wahrnehmen kann, führt sie die Herde in die besten Gebiete, um Wasser und Nahrung zu finden.

Elefanten müssen sehr viel trinken.

Abhängig vom Regen

Wie weit die Herde zieht, hängt von den Wetterbedingungen ab. Wenn es besonders trocken ist, ziehen die Elefanten manchmal 100 km weiter als im vorherigen Jahr.

Die Größe der Gruppen

Wird die Nahrung auf der langen Wanderung knapp, teilt sich die Herde in kleinere Gruppen auf, die aus zwei bis fünf Familien bestehen. Wenn sich hingegen mehrere Herden zusammenschließen, wandern manchmal bis zu 500 Elefanten gemeinsam. Das kann zu Problemen führen, wenn das Futter und das Wasser nicht mehr für alle Tiere ausreichen.

Rückkehr in der Regenzeit

Die Regenzeit beginnt normalerweise im Oktober und dauert bis zum Dezember. Wenn die Natur grün wird, kehren die Elefantenherden zurück. Im Lauf der Jahreszeiten gehen sie wieder auf Wanderschaft.

Elefantenstoßzähne bestehen aus Elfenbein. Im letzten Jahrhundert töteten Wilderer etwa 90 Prozent der Afrikanischen Elefanten, um das Elfenbein zu verkaufen.

ÜBERLEBEN DER HERDE

Junge Überlebenskünstler

Ein Elefantenkalb kann bereits eine Stunde nach der Geburt stehen und laufen. Ein neugeborenes Kalb wiegt bis zu 120 kg und damit deutlich mehr als ein erwachsener Mann. Wenn es zwei Tage alt ist, kann es mit seiner Herde laufen.

Der Einfluss des Menschen

Das Überleben der Afrikanischen Elefanten ist bedroht, weil ihre Lebensräume Farmen und Häusern weichen müssen. Wenn weniger Platz vorhanden ist, wird es immer schwieriger für die Herden, Nahrung und Wasser zu finden, und ihre Wanderrouten sind unterbrochen.

Sibirische Tiger leben in Ostasien.

SIBIRISCHER TIGER

Sibirische Tiger sind die größten Raubkatzen der Erde. Keine andere Unterart des Tigers befindet sich in nördlicheren Breitengraden. Diese Einzelgänger leben in den wilden Wäldern im Osten Russlands, in China und in Korea. Jeder Tiger hat ein riesiges Revier, das er gegen Eindringlinge verteidigt.

Das Fell eines Sibirischen Tigers ist dreimal so dicht wie das anderer Tiger-Unterarten und wärmt ihn in Eis und Schnee.

AUF REVIERSUCHE

Alle Tiger haben eigene Gebiete, sogenannte Reviere, in denen sie jagen. Sibirische Tiger brauchen besonders große Reviere, denn es gibt nicht viele Beutetiere in der eiskalten Wildnis. Sie wandern ständig im Revier umher, um Rivalen zu vertreiben und Beute zu finden.

Körperbau

Selbstständig werden

Tigerjunge verlassen ihre Mütter, wenn sie ein bis zwei Jahre alt sind. Männchen müssen oft weit wandern, um ein eigenes Revier zu finden, in dem noch keine Tiger leben und wo es viele Beutetiere gibt. Oft legen sie Hunderte Kilometer zurück.

Zunächst werden die Jungen von ihrer Mutter mit Beute versorgt. Wenn sie 18 Monate alt sind, können sie allein jagen.

Der Central Park in New York

Die Reviergröße

Tigerweibchen brauchen viel Platz, um ihre Jungen großzuziehen und sie mit Beute zu versorgen. Die Reviere der Männchen sind noch größer, manchmal bis zu 2000 km² groß – das ist mehr als doppelt so groß wie Berlin. Der Central Park in New York City (USA) würde fast 600-mal in ein solches Revier passen.

Tigernahrung

Sibirische Tiger wandern weite Strecken, um Wildschweine, Elche, Rehe und Hirsche zu jagen, aber sie erbeuten auch kleinere Tiere wie Kaninchen und Lachse. Die Tiger lauern ihrer Beute auf und schlagen plötzlich zu.

Sibirisches Reh

Dieser Tiger kratzt an einem Baum, um sein Revier zu markieren.

Das Revier markieren

Tiger wandern ständig in ihrem Revier umher. Sie markieren es, etwa indem sie sich an Bäumen scheuern, den Waldboden aufscharren und Urin verspritzen. So wissen andere Tiger, dass das Revier besetzt ist.

Der Einfluss des Menschen

Um 1940 gab es nur noch 40 Sibirische Tiger, weil man fast alle abgeschossen hatte. Dank Naturschutzprogrammen gibt es heute etwa 450 wilde Tiger, aber noch immer werden Tiere von Wilderern getötet.

Karibus leben in den nördlichen Regionen der Erde.

KARIBU

Diese Hirschart lebt in der eiskalten Arktis und ist gut an die Kälte angepasst. Ihr dichtes Fell besteht aus warmer Unterwolle und längeren Deckhaaren, die mit Luft gefüllt sind. Trotzdem verbringen auch Karibus nicht den ganzen Winter in der nördlichen Arktis. Auf der Suche nach Nahrung und angenehmeren Temperaturen wandern sie in den Süden.

In Europa und Asien nennt man diese Hirschart Rentier, in Nordamerika ist die Unterart Karibu verbreitet.

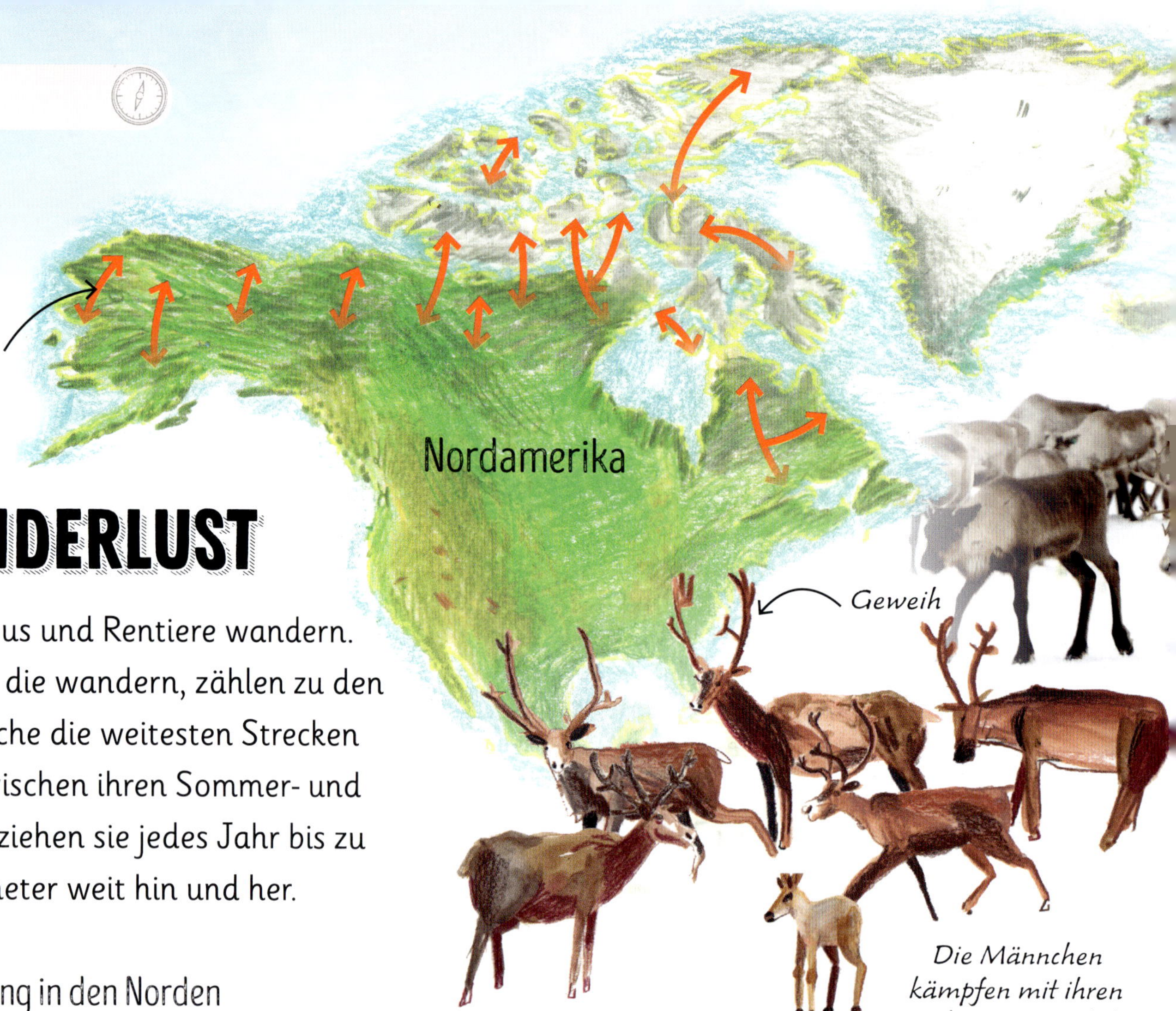

Diese Pfeile zeigen die Wanderrouten der nordamerikanischen Karibus.

Geweih

Die Männchen kämpfen mit ihren Geweihen um Weibchen und die Rangordnung. Die Weibchen dagegen verteidigen damit Nahrung und Junge.

WANDERLUST

Nicht alle Karibus und Rentiere wandern. Doch die Herden, die wandern, zählen zu den Landtieren, welche die weitesten Strecken zurücklegen. Zwischen ihren Sommer- und Wintergebieten ziehen sie jedes Jahr bis zu 3200 Kilometer weit hin und her.

Wanderung in den Norden

Im Frühjahr vereinigen sich kleine Herden zu größeren, die aus bis zu einer halben Million Tieren bestehen. Auf der Suche nach Nahrung und einem Gebiet, in dem sie ihre Jungen sicher zur Welt bringen können, ziehen sie in Richtung Norden. Dort gibt es weniger Raubtiere und Mückenschwärme, die den Karibus zusetzen.

Die Kälber kommen im Mai und Juni zur Welt. Schon nach zwei Tagen müssen sie täglich etwa 16 km weit laufen.

Sommer in der Tundra

Im Sommer schmilzt der Schnee und die Tundra wird zu einer üppigen Wiese. Die Karibus fressen Gras und andere Pflanzen und bringen ihre Jungen zur Welt. Der Sommer ist kurz, bald müssen die Tiere weiterziehen.

Zug in den Süden

Zu Beginn des Winters ziehen die Karibus in südlichere Gebiete, in denen es viel Nahrung gibt. Die Weibchen brechen mit den Kälbern einige Wochen vor den Männchen auf. Mit ihrem guten Geruchssinn spüren sie Pflanzen und Flechten unter der Schneedecke auf.

Karibus ziehen langsam, aber sie können bis zu 80 km/h schnell rennen, wenn sie auf der Flucht vor Wölfen oder Grizzlybären sind.

Flechten sind die Leibspeise der Karibus. Im Winter scharren sie mit ihren scharfkantigen Hufen den Schnee weg, um die Leckerbissen freizulegen.

Hindernisse

Die Karibus machen auf ihrer Wanderung auch vor Gewässern nicht Halt. Die Tiere sind ausdauernde Schwimmer, und da ihre Haare mit Luft gefüllt sind, haben sie im Wasser Auftrieb. Ihre breiten Hufe sind ausgezeichnete Paddel.

In Zentral- und Südamerika gibt es sechs Faultierarten.

FAULTIER

Nicht alle Tiere durchqueren ganze Länder und Kontinente auf ihren Reisen. Faultiere leben auf Bäumen. Manchmal klettern sie sehr langsam, aber stetig zum Waldboden hinab. Das dauert eine ganze Woche, denn Faultiere sind die langsamsten Säugetiere der Erde. Und wozu machen sie sich diese Mühe? Sie gehen auf dem Waldboden aufs Klo!

Faultiere haben lange Arme und hakenförmige Krallen, die gut an das Klettern in Bäumen angepasst sind.

SEHR LANGSAM

Faultiere haben es nicht eilig. Mit einer Spitzengeschwindigkeit von 0,24 Stundenkilometern bewegen sie sich jeden Tag etwa 38 Meter vorwärts. Sie verbringen ihre Zeit damit, Blätter zu fressen, und hangeln sich dabei im Schneckentempo durch das Geäst. Wenn sie zum Waldboden hinabgeklettert sind, wackeln sie dort mit dem Hinterteil, um eine Stelle freizuscharren, an der sie Kot abgeben.

Hinunter zum Waldboden

Der Weg aus den Baumkronen bis hinunter auf den Waldboden ist gefährlich. Faultiere setzen ihre scharfen Krallen ein, um sich zu verteidigen oder sich festzuhalten. Mit ihrem bräunlichen Fell sind sie im Geäst kaum zu sehen.

Gute Schwimmer

Faultiere klettern nicht nur in den Baumkronen herum, sondern sie können auch erstaunlich gut schwimmen. Manchmal nehmen sie in einem Fluss ein kühles Bad.

Weil sich Faultiere so langsam bewegen, können Algen in ihrem Fell wachsen. Zwischen den grünen Blättern sind die Tiere gut getarnt.

Immer mit der Ruhe

In der schwülen Hitze des Regenwalds kühlt der Körper eines Faultiers nicht aus. Es muss sich nicht schnell bewegen, um sich aufzuwärmen. Stattdessen verbringt es seine Tage in den Baumkronen und frisst Blätter. Weil die Nahrung nur wenig Energie gibt, bewegt es sich langsam.

Träge Tiere

Um Energie zu sparen, schlafen Faultiere jeden Tag bis zu zehn Stunden. In den restlichen Stunden, in denen sie wach sind, bewegen sie sich langsam, während sie Blätter und Rinde fressen.

WOLF

Wölfe sind sehr soziale Tiere. Sie leben in Gruppen, die man Rudel nennt. Ab und zu beschließt ein Wolf, sein Rudel zu verlassen, und zieht dann allein umher. Der einsame Wolf möchte aber nicht für immer allein bleiben. Er sucht sich ein Gebiet, in dem er sein eigenes Rudel gründen kann. Dafür läuft er manchmal Tausende Kilometer weit.

Forschende legen Wölfen Halsbänder mit GPS-Sendern an, um ihre Wanderungen zu erforschen.

WÖLFE UNTERWEGS

2011 legte man zwei jungen Wölfen in verschiedenen Ländern Halsbänder mit Sendern an, um ihre Wanderungen zu verfolgen. Beide Wölfe verließen bald ihr Rudel. Sie machten sich auf eine weite, gefährliche Reise. Beide Wanderungen verliefen sehr ähnlich.

Im September verließ der zweijährige Wolf OR-7 sein Rudel in Oregon (USA).

Hochwüste

Oregon

Im Crater-Lake-Nationalpark wanderte OR-7 durch eine Kleinstadt und überquerte große Straßen.

OR-7 wanderte durch Wälder, Wüsten, Gebirge und landwirtschaftlich genutzte Gebiete, in denen Wölfe bejagt werden.

Crater Lake

OR-7 legte etwa 1931 km zurück.

Pazifischer Ozean

Kalifornien

Eine Wanderung durch Amerika

Im Dezember schrieb OR-7 Geschichte. Er war seit 1924 der erste Wolf, der Kalifornien betreten hatte. Er überquerte wieder die Grenze zu Oregon, fand eine Wölfin und gründete mit ihr ein Rudel.

Das Vermächtnis von OR-7

Als OR-7 die Grenze nach Kalifornien überquerte, setzten Menschen sich für den Schutz der Wölfe ein. Seit die Tiere unter Schutz stehen, gibt es in Kalifornien wieder Wölfe.

Eine Wanderung durch Europa

Ein zweiter zweijähriger Wolf namens Slavc verließ im Dezember sein Rudel in Slowenien. Er durchwanderte eine dicht bevölkerte Gegend, lief durch Gärten und überquerte sogar eine Autobahn unverletzt.

Das Vermächtnis von Slavc

Bei Verona in Italien traf Slavc die Wölfin Giulietta, die ebenfalls allein unterwegs war. Die beiden wurden ein Paar. So wurden zwei Wolfspopulationen vereinigt, die seit mehr als 150 Jahren getrennt waren. Die beiden Wölfe gründeten ihr eigenes Rudel.

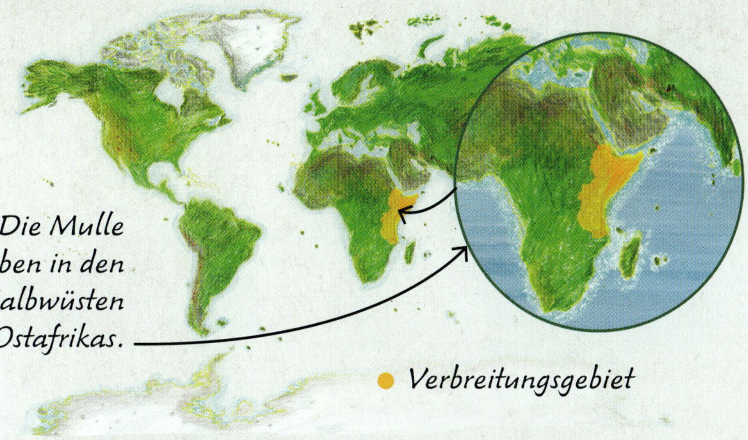

NACKTMULL

Afrikanische Nacktmulle leben in Kolonien. Sie graben Baue in die Erde, in denen sie vor der heißen Sonne geschützt und vor Raubtieren sicher sind. Manchmal kommt ein außergewöhnlich abenteuerlustiges Tier zur Welt, das die Kolonie bald verlässt. Es begibt sich auf eine lebensgefährliche Reise mit ungewissem Ausgang. Oft gründen solche Tiere eine eigene Kolonie.

Für uns sieht ein Nacktmull sonderbar und gar nicht niedlich aus, aber er ist perfekt an sein Leben unter der Erde angepasst.

MUTIGE AUSWANDERER

Die meisten Nacktmulle bleiben ihr ganzes Leben lang in derselben Kolonie. Es gibt aber einen bestimmten Typ Nacktmull, der als Auswanderer bezeichnet werden kann. Dieser außergewöhnliche, mutige Mull begibt sich allein auf Wanderschaft.

Nacktmulle fressen Wurzeln, die Wasser enthalten, und müssen deshalb nicht trinken.

Unter der Erde

Nacktmulle leben unter der Erde in einem System aus Gängen. Im Bau gibt es mehrere Kammern, in denen die Tiere Nahrungsvorräte anlegen, schlafen, auf die Toilette gehen und ihre Jungen großziehen.

Die Auswanderer

Auswanderer-Mulle sind schon bei ihrer Geburt größer als die anderen Nacktmulle der Kolonie. Sie wollen nicht arbeiten und sobald sie ausgewachsen sind, verlassen sie die Kolonie, um sich auf Wanderschaft zu begeben.

Versucht eine Schlange in den Bau der Nacktmulle einzudringen, blockieren Wächter-Mulle die Eingänge. Manche sterben, während sie ihre Kolonie beschützen.

Das Abenteuer beginnt

In der Nacht verlässt der Auswanderer-Mull den Bau. Zusätzliche Fettreserven liefern ihm Energie für seine Wanderung. Die Nacht bietet ihm Schutz, aber die Reise ist trotzdem sehr gefährlich, denn es sind viele Fressfeinde unterwegs.

Die Königin

Nacktmulle leben ähnlich wie Ameisen oder Bienen: Nur das größte Weibchen, die Königin, bekommt Nachwuchs. Sie hält sich einen Harem aus bis zu drei Männchen, die die Väter ihrer Jungen sind. Wächter bewachen die Eingänge, während Arbeiter Gänge graben und die Jungen füttern. Wegen der Arbeitsteilung funktioniert die Kolonie.

Gründung einer neuen Kolonie

Der Auswanderer läuft oft mehrere Kilometer weit. Dann gräbt er mit seinen mächtigen Kiefern neue Gänge und Kammern in den Boden. Die Wissenschaft vermutet, dass irgendwann ein Auswanderer von einer anderen Kolonie dazukommt und die beiden Mulle gemeinsam eine neue Kolonie gründen.

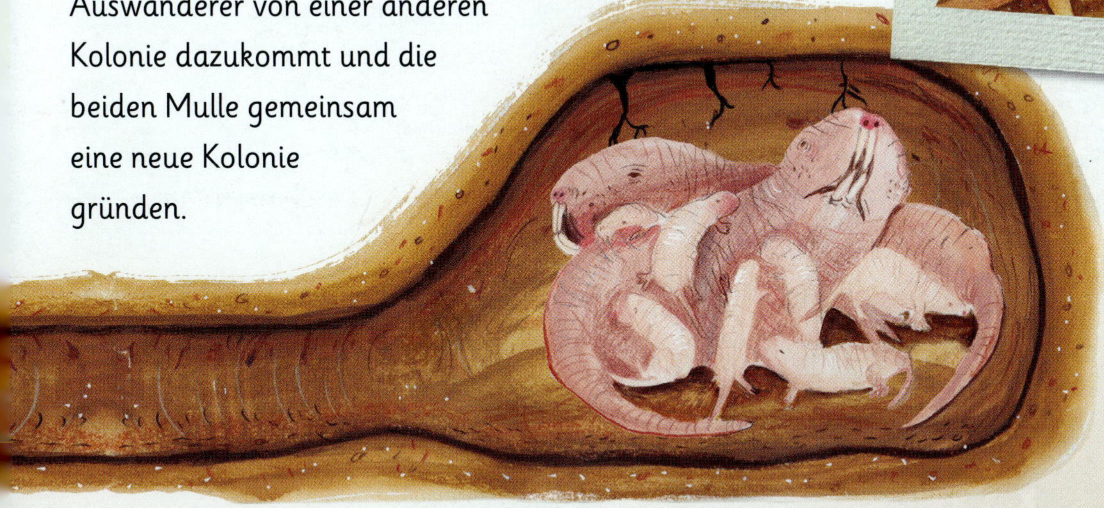

Die Auswanderer sorgen dafür, dass die Nacktmulle nicht aussterben. Würden sich immer nur Mitglieder derselben Familie miteinander fortpflanzen, wären die Nachkommen schwach und bekämen immer mehr Krankheiten.

Diese Eidechsen kommen in den USA, in Europa und Asien vor.

RUINENEIDECHSE

Ruineneidechsen sind in Italien heimisch. Aber die bemerkenswerten Reptilien haben sich weit ausgebreitet und sogar neue Kontinente besiedelt. Dabei haben sie sich an völlig neue Lebensräume angepasst. Inzwischen kommen die Tiere in ganz Europa und in einigen Teilen der USA vor.

Die Ruineneidechse klettert geschickt und flink Felsen und Mauern hinauf.

KÜHNE SIEDLER

Ruineneidechsen haben sich so erfolgreich ausgebreitet, weil sie sehr anpassungsfähig sind. Sie kommen sowohl in warmen als auch in kalten Gegenden und in verschiedenen Lebensräumen vor, von Felsenküsten bis Städten. Wenn sie ein neues Gebiet besiedeln, verdrängen sie oft andere Eidechsenarten.

Eine invasive Art

Ruineneidechsen sind nur 9 cm lang. Weil man sie leicht übersieht, wurden sie in die ganze Welt transportiert, oft in Gepäckstücken oder Topfpflanzen verborgen. Sie vermehren sich so schnell, dass man sie als invasive Art bezeichnet. Solche Arten verdrängen einheimische Tiere, wenn sie eine neue Gegend besiedeln.

Ausbreitung in den USA

Die Eidechsen haben sich in der Stadt New York ausgebreitet, nachdem ein Lieferwagen einer Tierhandlung 1960 einen Unfall hatte. Einige Tiere entkamen, unter ihnen auch Ruineneidechsen. Sie konnten sich vermehren und ihre Anzahl wuchs schnell, obwohl die Bedingungen in der Stadt nicht einfach waren.

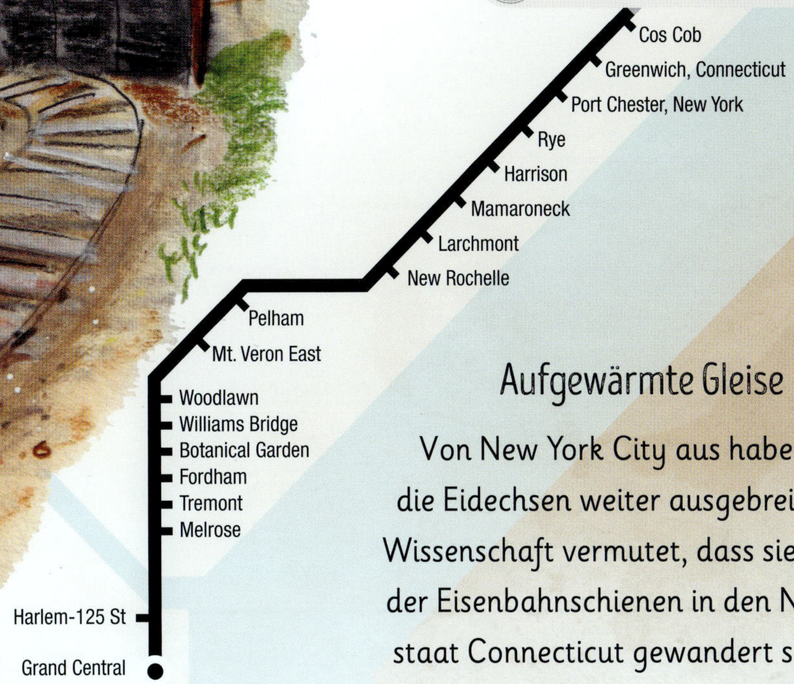

Die Ruineneidechsen haben sich in den USA entlang der Bahnstrecken ausgebreitet.

Aufgewärmte Gleise

Von New York City aus haben sich die Eidechsen weiter ausgebreitet. Die Wissenschaft vermutet, dass sie entlang der Eisenbahnschienen in den Nachbarstaat Connecticut gewandert sind. Die Schienen erhitzen sich in der Sonne und wärmen die Körper der wechselwarmen Reptilien auf, sodass sie aktiver werden.

Eidechsen sind Experten darin, warme Verstecke zu finden. Sie erkunden auch im kalten Winter ihre Umgebung.

Risikofreudige Reptilien

Manchmal wird man entmutigt, wenn man etwas Neues ausprobiert, aber die Eidechsen beweisen, dass Mut oft belohnt wird. Sie konnten neue Lebensräume besiedeln und sich an neuartige Nahrung anpassen. Forschende haben herausgefunden, dass die Ruineneidechsen in nur 30 Jahren stärkere Muskeln entwickelt haben und fester zubeißen können. Oft dauern solche Anpassungen Jahrmillionen.

Wegen ihrer Tarnfärbung übersehen Räuber wie die Hauskatzen die Eidechsen oft.

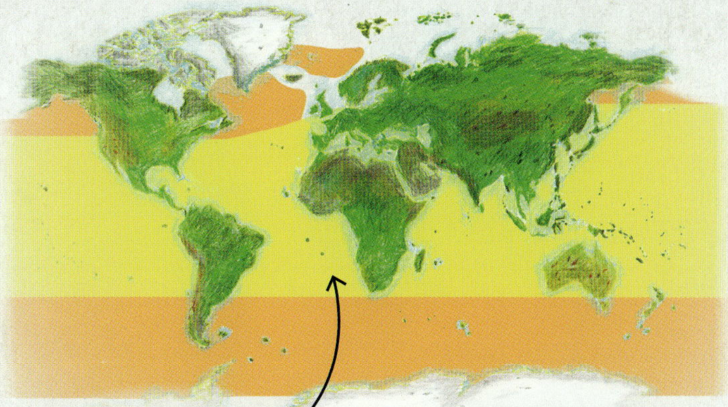

Pottwale leben in allen Weltmeeren.

- Pottwal-Bullen
- Bullen und Walkühe

POTTWAL

Der Pottwal ist der größte Zahnwal der Erde und kein anderes Tier hat ein so großes Gehirn wie er. Ein ausgewachsener Bulle wiegt etwa 45 Tonnen und damit etwa so viel wie 10 Afrikanische Elefanten. Im Lauf seines Lebens schwimmt er bis zu 1,6 Millionen Kilometer weit, während er in den Ozeanen auf Nahrungssuche ist.

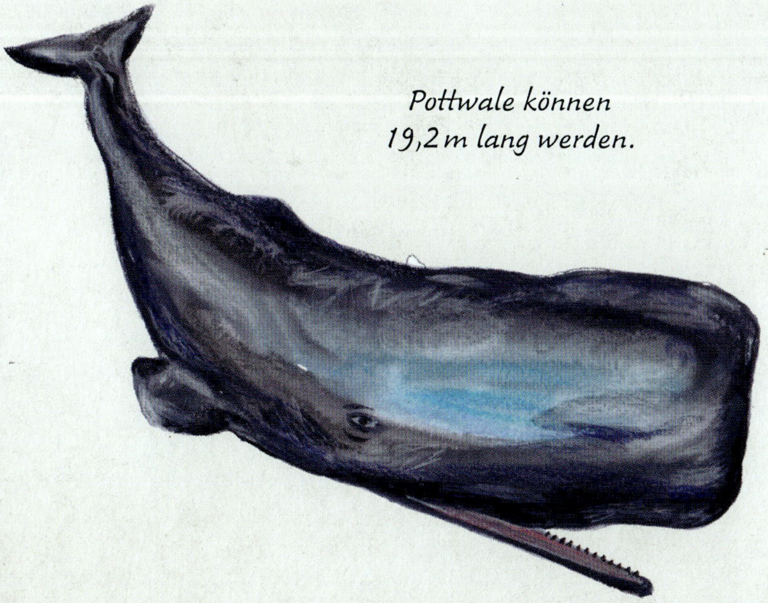

Pottwale können 19,2 m lang werden.

Der Kopf eines Pottwals enthält eine wachsartige Substanz, die man Walrat nennt. Sie spielt bei der Echoortung eine Rolle.

TIEF ABTAUCHEN

Pottwale tauchen sehr tief ab und bleiben bis zu 90 Minuten lang unter Wasser. 1969 beobachteten Walfänger ein Tier, das unglaubliche 117 Minuten lang tauchte.

Hinab in die Tiefsee

Pottwale können über 2000 m tief tauchen. Wahrscheinlich jagen sie in der dunklen Tiefsee mit Echoortung. Dabei erzeugen sie Klicklaute, die von Objekten oder Tieren zurückgeworfen werden. So können sie Beute aufspüren, die mehr als 140 m entfernt ist.

Riesenkalmare sind die Lieblingsbeute der Pottwale, aber sie sind nicht leicht zu fangen. Sie leben in großer Tiefe und können 20 m lang werden.

Auf der Haut vieler Pottwale sind große Narben, die von Kämpfen mit Riesenkalmaren stammen.

Familienleben

Die Walkühe bleiben in warmen Meeren, wo sie in Familiengruppen leben. Die Männchen wandern los, wenn sie 4 bis 21 Jahre alt sind. Zunächst bleiben sie beisammen, aber wenn sie älter werden, schwimmen sie allein in die Polarmeere. Sie kehren nur in wärmere Meere zurück, um sich mit den Walkühen zu paaren.

Beliebter Wal-Treff

Die Inselgruppe der Azoren im nördlichen Atlantik ist ein Treffpunkt für Pottwale. Diese Inseln entstanden bei Vulkanausbrüchen im Meer und noch heute ist die Gegend vulkanisch aktiv. Weil daneben auch der Golfstrom das Wasser erwärmt, leben hier viele Tiere. Dadurch gibt es jede Menge Nahrung für die Wale und Riesenkalmare.

Die neun Inseln der Azoren sind die abgelegenste Inselgruppe im Atlantik. Weil es hier sehr viel Nahrung gibt, kommen 24 verschiedene Walarten im Meer um die Inseln vor.

Azoren

Der Golfstrom ist eine gewaltige Meeresströmung, die ständig warmes Wasser zu den Azoren transportiert.

Pottwal-Weibchen ziehen ihre Jungen in den warmen, nahrungsreichen Meeren um die Azoren groß.

Während des ganzen Jahres kann man hier Walkühe und junge Bullen beobachten. Ältere Bullen wandern seltener in das Gebiet.

Cuvier-Schnabelwale leben in allen Meeren außer den Polarmeeren.

CUVIER-SCHNABELWAL

Schnabelwale leben weit draußen im Ozean und sind sehr verspielt. Sie tauchen tief ab, erkunden die Unterwasserwelt und fangen Beute. Oft springen sie aus dem Wasser, um Luft zu atmen und lästige Parasiten loszuwerden. Ihre Luftsprünge sind sehr beeindruckend.

Ein Schnabelwal springt aus dem Wasser.

IN DEN TIEFEN DER MEERE

Kein anderes Säugetier kann so tief tauchen und so lange unter Wasser bleiben wie ein Cuvier-Schnabelwal. Man hat diese Wale in 2992 Metern Tiefe beobachtet und sie können über drei Stunden lang unter Wasser bleiben. In der Tiefsee fangen sie Beutetiere, die andere Meeressäuger nicht erwischen.

Cuvier-Schnabelwale können etwa achtmal so tief abtauchen, wie das Empire State Building in New York hoch ist.

Tier der Rekorde

Nach seinen langen, tiefen Tauchgängen, bei denen der Cuvier-Schnabelwal den hohen Druck des Wassers über ihm erträgt, bleibt er nur für ungefähr zwei Minuten an der Wasseroberfläche – kürzer als Pottwale und See-Elefanten.

Kalmare als Beute

In der Tiefsee leben verschiedene Kalmare – die Lieblingsspeise der Cuvier-Schnabelwale. Die Wale kennen die Gegenden, in denen Kalmare vorkommen. Weil sie keine Zähne haben, saugen sie ihre Beute im Ganzen ein.

Perfekt angepasst

Der Cuvier-Schnabelwal kann seine Flossen eng in Körpermulden anlegen, sodass sein Körper stromlinienförmig ist. Er hat mehr Sauerstoff im Blut als andere Wale und kann deshalb länger tauchen, ohne Luft zu atmen. In seinem Körper ist nicht viel Luft eingeschlossen, sodass er den extrem hohen Druck des Wassers über ihm aushält.

Flucht vor Jägern

Der Cuvier-Schnabelwal weicht dem Lärm der Boote an der Wasseroberfläche aus, indem er tief abtaucht. Er bleibt oft lange Zeit in der Tiefe, wenn im Wasser über ihm Feinde lauern.

Schwertwale gehören zu den Hauptfeinden der Cuvier-Schnabelwale. Diese riesigen Jäger stehen an der Spitze ihres Nahrungsnetzes und haben selbst keine Feinde.

Weiße Haie leben weltweit in warmen Meeren.

Fortpflanzungsgebiete
Verbreitung

WEISSER HAI

Weiße Haie stehen an den Spitzen der Nahrungsketten. Mit ihrer hochsensiblen Nase können sie einen Tropfen Blut riechen, der von 10 Milliarden Tropfen Wasser verdünnt wurde. Auch ihre Elektrorezeptoren sind Supersinne. Mit ihnen nehmen sie das Magnetfeld der Erde wahr und orientieren sich, wenn sie in den Ozeanen weite Wanderungen machen.

Weiße Haie können 7 m lang und 2177 kg schwer werden.

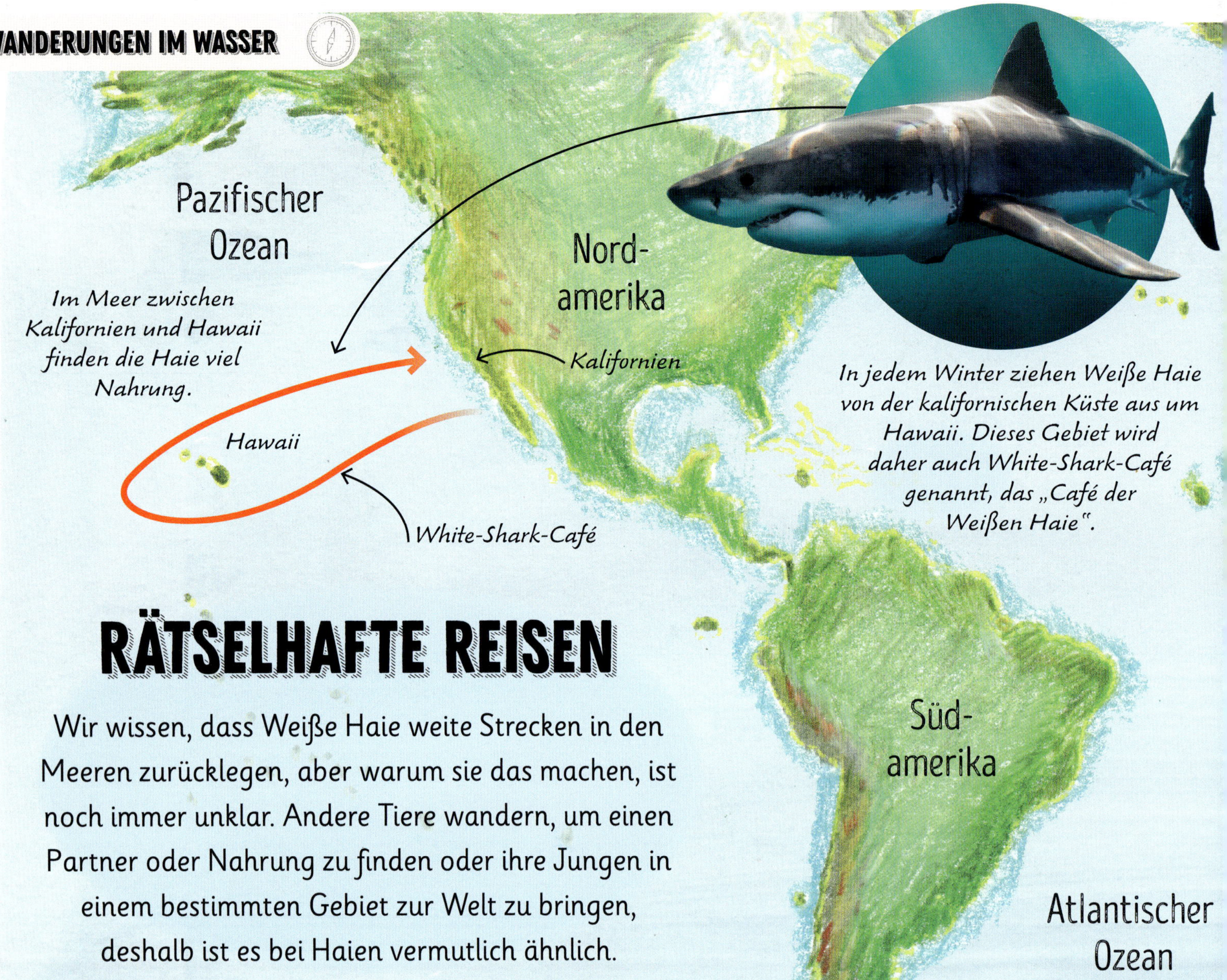

Im Meer zwischen Kalifornien und Hawaii finden die Haie viel Nahrung.

In jedem Winter ziehen Weiße Haie von der kalifornischen Küste aus um Hawaii. Dieses Gebiet wird daher auch White-Shark-Café genannt, das „Café der Weißen Haie".

RÄTSELHAFTE REISEN

Wir wissen, dass Weiße Haie weite Strecken in den Meeren zurücklegen, aber warum sie das machen, ist noch immer unklar. Andere Tiere wandern, um einen Partner oder Nahrung zu finden oder ihre Jungen in einem bestimmten Gebiet zur Welt zu bringen, deshalb ist es bei Haien vermutlich ähnlich.

Neue Methoden

Mit modernen Satellitensendern konnte man viel über die Wanderungen der Haie herausfinden. Heute wird vermutet, dass sie zu einer bestimmten Zeit im Jahr an der Küste Robben erbeuten, um sich Energiereserven für die Monate zuzulegen, die sie danach im offenen Meer verbringen.

An der Rückenflosse dieses Hais wurde ein Satellitensender befestigt.

Nahrung

Vermutlich wandern Weiße Haie, um Nahrung zu finden. Im Frühling ziehen sie zu See-Elefanten-Kolonien, um einige der Meeressäuger zu erbeuten.

Weiße Haie können 3 m hoch aus dem Wasser springen, wenn sie ihre Beute jagen.

Einige Weiße Haie wandern weite Strecken entlang der Küsten.

Die Wanderung von Nicole

Mithilfe eines Senders konnte die Wanderung eines 4 m langen Weißen Hais namens Nicole von Südafrika bis nach Australien verfolgt werden. Nicole schwamm die unglaubliche Strecke von 11 000 km in nur 99 Tagen. Vermutlich unternimmt Nicole die Wanderung jedes Jahr.

WARUM ZIEHEN WEISSE HAIE?

Geburt der Jungen

Die Weibchen ziehen in seichtere Meere, um ihre Jungen zur Welt zu bringen. Die jungen Haie schwimmen dann in sogenannte Kinderstuben. In diesen Gebieten gibt es wenige Feinde und viel Nahrung.

Lederschildkröten kommen in allen Ozeanen mit Ausnahme sehr kalter Meere vor.

LEDER-SCHILDKRÖTE

Lederschildkröten gibt es seit mehr als 150 Millionen Jahren in unseren Ozeanen. Als die Dinosaurier ausstarben, haben die Schildkröten überlebt. Sie gehören zu den Tieren, die die weitesten Wanderungen machen. Wenn sie zu ihren Fortpflanzungsgebieten ziehen, durchqueren sie ganze Ozeane. Einige schwimmen jedes Jahr 16 000 Kilometer weit.

Die Lederschildkröte ist die größte Schildkröte der Erde und kann 1,8 m lang werden. Sie ist stark gefährdet.

SEHR WEITE STRECKEN

Zur Fortpflanzungszeit sammeln sich Lederschildkröten an tropischen Stränden im seichten Wasser. Weibchen schwimmen alle zwei bis vier Jahre zu dem Strand, an dem sie selbst aus dem Ei geschlüpft sind. Männchen machen die Wanderungen jedes Jahr.

Körperbau

Rekordhalter

Forschende statteten ein erwachsenes Lederschildkröten-Weibchen mit einem Sender aus und fanden heraus, dass es vom Strand in Indonesien, an dem es Eier gelegt hatte, zur Küste von Oregon (USA) zog. Die Strecke ist mehr als 19 000 km lang. Bisher ist kein Wirbeltier bekannt, das im Meer weitere Strecken zurückgelegt hat.

Nistplätze an Tropenstränden

An einem Strand in den Tropen kommt ein Lederschildkröten-Weibchen in der Nacht aus dem Wasser und gräbt ein Loch. Dort hinein legt es seine Eier. Mehrmals im Jahr kehrt es zum selben Strand zurück und legt in jedes Nest ungefähr 100 Eier.

Lederschildkröten-Weibchen legen ihre Eier an Sandstränden ab.

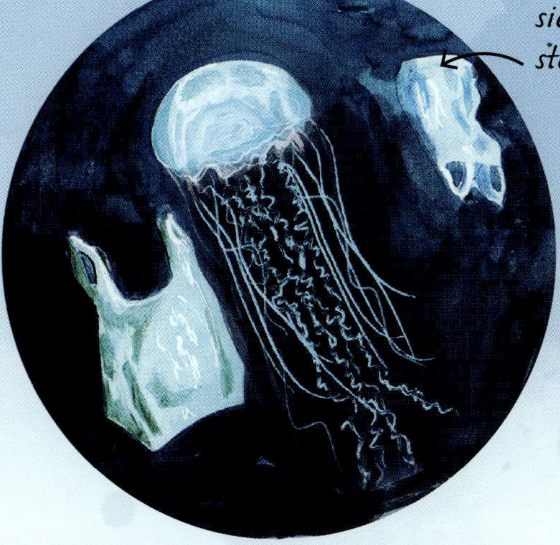

Lederschildkröten ernähren sich von Quallen. Oft fressen sie Plastikabfall, da sie diesen mit Quallen verwechseln, und sterben daran.

Der Weg ins Meer

Nach 60 bis 70 Tagen schlüpfen kleine Schildkröten aus den Eiern. Sie sind ungefähr 10 cm lang und laufen über den Sand zum Meer. Auf ihrer gefährlichen Wanderung werden viele von Krabben, Vögeln und Fischen gefressen.

Orientierung

Erwachsene Schildkröten orientieren sich am Magnetfeld der Erde. Auch der Stand der Sonne und die Tageslänge helfen bei der Orientierung.

Die Schildkröten schlüpfen in der Abenddämmerung und orientieren sich am Licht. Kunstlicht kann bewirken, dass sie in die falsche Richtung laufen.

Etwa 1 von 1000 kleinen Schildkröten lebt so lang, dass sie sich selbst fortpflanzen kann.

ATLANTISCHER LACHS

Diese Lachse ziehen vom Meer in Flüsse, um ihre Eier abzulegen. Die Wanderung flussaufwärts ist schwierig und oft müssen die Fische weite Sprünge machen, um Wasserfälle zu überwinden. Sie wandern, weil die Jungfische in Flüssen bessere Bedingungen haben.

LACHSWANDERUNG

Im Spätherbst legen Lachsweibchen ihre Eier am Flussgrund ab. Daraus schlüpfen kleine Jungfische. Wenn sie größer sind, wandern sie ins Meer. Um selbst Eier zu legen, schwimmen sie flussaufwärts zu der Stelle, an der sie geschlüpft sind.

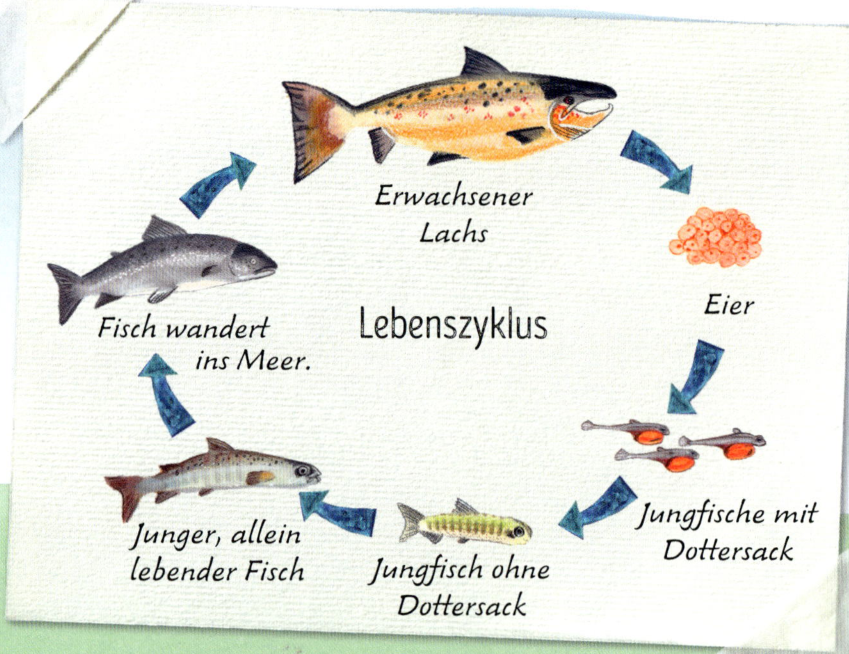

Die Jungfische

Nach dem Schlüpfen haben die kleinen Lachse noch einen Dottersack, der sie ernährt. Innerhalb von einem bis fünf Jahren werden sie größer. Sie leben nun allein und ernähren sich von Insekten. Zwischen Felsen und Steinen verbergen sie sich vor Räubern.

Die Wanderung ins Meer

Der Körper der Fische verwandelt sich, wenn sie vom Süßwasser ins salzhaltige Wasser wandern. Ihre Haut färbt sich silbrig. Doch in ihrem Gehirn ist der Geruch ihres Heimatflusses für immer abgespeichert.

ERSTE VERÄNDERUNGEN

Fischlarven

Es dauert sechs bis zwölf Wochen, bis aus den Eiern Larven schlüpfen. Sie sind etwa 2 cm lang und leben in Schwärmen im Kies. In dieser Zeit ernähren sie sich von ihrem Dottersack.

Junge Fische

Wenn der Dotter aufgebraucht ist, schlängeln sich die Jungfische durch den Kies am Grund. Während des ersten Jahres nehmen sie nur kleine Nahrungsstückchen auf und wachsen heran.

Leben im Meer

Wenn sich ihr Körper verwandelt hat, sammeln sich die jungen Lachse und schwimmen in Richtung Meer. Instinktiv wandern sie nordwärts zu Nahrungsgebieten vor Alaska oder Grönland, wo sie kleine Fische, Krill und andere winzige Krebstiere fressen. Sie bleiben ein oder zwei Jahre lang im Meer und werden immer größer.

Robben, Haie, Delfine, Thunfische und andere Räuber erbeuten Lachse.

Bevor sie ins Meer ziehen, schwimmen die jungen Lachse in einen Ästuar, das ist eine trichterförmige Mündung eines großen Flusses ins Meer. Die Fische sind jetzt etwa 12 cm lang.

Heimweg finden

Den Lachsen ist es angeboren, zur richtigen Zeit in ihren Heimatfluss zurückzukehren, um sich fortzupflanzen. Vermutlich orientieren sie sich mit ihrem Geruchssinn, ihrem Seitenlinienorgan und am Stand der Sonne.

Fische haben ein Seitenlinienorgan, mit dem sie die Veränderungen des Wassers in ihrer Umgebung wahrnehmen.

Zurück im Heimatfluss

Wenn sie wieder dort angekommen sind, wo sie selbst aus dem Ei geschlüpft sind, graben die Weibchen ein Nest am Grund des Flusses und der Lebenszyklus beginnt von Neuem. Die alten Lachse sind nach der langen Reise erschöpft und sterben.

Milliarden Sardinen wandern entlang der südafrikanischen Küste.

● *Pazifische Sardine*
● *Andere Sardinenarten*

SARDINE

Obwohl Sardinen klein sind, unternehmen sie spektakuläre Wanderungen. Es gibt mehrere Sardinenarten. An der südafrikanischen Küste bildet die Pazifische Sardine riesige Schwärme. Es sind die größten Ansammlungen von Tieren auf der Erde. Die kleinen Fische locken Haie, Wale, Delfine und Vögel wie den Tölpel an, die sich in einem wilden Fressgelage in die Schwärme stürzen.

Eine Sardine ist kaum 20 cm lang. Die Schwärme bestehen aus Milliarden Fischen.

Ein einzelner Fisch ist schwieriger zu erwischen, wenn er in einem Schwarm aus Milliarden Sardinen schwimmt.

RIESIGE SCHWÄRME

Jeden Juni und Juli ziehen gigantische Sardinenschwärme entlang der südafrikanischen Ostküste aufwärts in die seichten Meere vor KwaZulu-Natal. Die Schwärme können bis zu 7 Kilometer lang und 1,5 Kilometer breit sein. Keiner weiß, warum die Sardinen umherziehen. Es werden sogar so viele von ihnen auf diesem Weg gefressen, dass man nicht den Eindruck bekommt, die Wanderung würde ihnen Vorteile bringen.

Abgestimmte Bewegungen

Wie viele Fische hat die Sardine ein Seitenlinienorgan, mit dem sie Druckveränderungen im Wasser wahrnimmt. Sie passt ihre Bewegungen denen der anderen Tiere im Schwarm an. Die Schwärme machen perfekt aufeinander abgestimmte Wendungen, um Feinde zu verwirren.

Auch Menschen profitieren von den Wanderungen der Sardinen. Einige fangen die Fische, um sie zu essen. Andere filmen sie oder führen Touristen zu dem Spektakel im Meer.

Kaptölpel sind perfekt an den Fischfang angepasst. Sie tauchen mit einer Geschwindigkeit von bis zu 120 km/h ins Wasser ein.

Wildes Fressgelage

Viele Räuber folgen den Sardinenschwärmen. Haie und Brydewale greifen sie von unten an, während Kaptölpel von oben in die Fischmassen stoßen. Auch Seebären, Delfine und Pinguine beteiligen sich.

Ein Rätsel

Man weiß noch nicht, warum Sardinen die lange Wanderung machen. Vielleicht ziehen sie in kühlere Meere oder in ihre Laichgebiete, um Eier zu legen.

Die Wanderungen der südafrikanischen Sardinen sind berühmt. An den Küsten von Schweden und Chile sowie im Pazifischen Ozean kann man ähnliche Schauspiele beobachten.

Im Winter schwimmen Millionen Sardinen entlang der südafrikanischen Küste in Richtung Nordosten in kalte Meere.

Im Sommer ziehen die Sardinen in kühlere, weiter südlich gelegene Meere wie den kalten Benguelastrom.

Wahrscheinlich kehren die Fische in tiefe, kühle Gewässer unterhalb des Agulhasstroms zurück.

Delfine stoßen Luftblasen aus, um Fische zu dichten Kugeln zusammenzutreiben. So können sie die Tiere besser fangen.

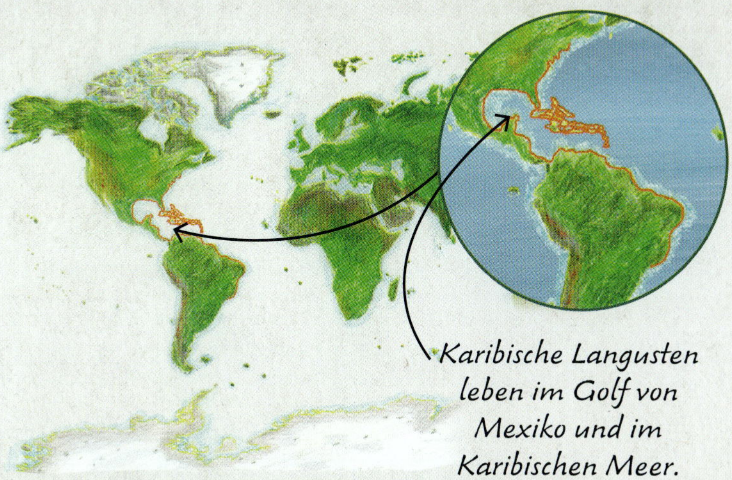

Karibische Langusten leben im Golf von Mexiko und im Karibischen Meer.

KARIBISCHE LANGUSTE

Langusten verstecken sich während des Tages im Korallenriff und jagen in der Nacht Muscheln und Krabben. Wenn das Meer im Winter abkühlt, begeben sie sich auf ihre alljährliche Wanderungen. Auf der Suche nach wärmeren Gewässern laufen sie in Reihen über den Meeresgrund.

Mit ihren langen Fühlern nimmt die Languste Nahrung und Gefahren wahr.

IM MEER UNTERWEGS

Karibische Langusten verlassen jedes Jahr ihre Heimatregion und wandern in tropische Meere. Sie können sich sehr gut am Meeresboden orientieren und nutzen dafür das Magnetfeld der Erde, das ihnen auch in dunkler Nacht hilft. So finden sie den Weg in Gegenden, die bis zu 50 Kilometer weit entfernt sind.

Auf der Wanderung

Langusten leben meist als Einzelgänger, aber wenn sie wandern, schließen sich ungefähr 50 Tiere zu einer Gruppe zusammen. Die Wanderungen sind riskant, aber die Gruppe bietet Sicherheit, denn hungrige Räuber haben Schwierigkeiten, einzelne Tiere zu erbeuten.

Begehrte Delikatessen

Die Schwänze der Karibik-Languste gelten als Delikatesse. Um die Krebse zu schützen, ist in den USA die Zahl der Tiere, die gefangen werden dürfen, begrenzt.

Die Langusten bilden eine Reihe, wenn sie über den Meeresboden wandern.

Selbstverteidigung

Karibik-Langusten besitzen Stacheln am Rücken. Diese schützen die Krebstiere vor Feinden wie Haien, Rochen und Schildkröten. Wenn ihr ein Räuber zu nahe kommt, schüttelt die Languste ihre Fühler, um ihn abzuschrecken.

Nachts auf der Jagd

Langusten sind nachtaktiv. Sie jagen in der Dunkelheit, wenn weniger Fressfeinde unterwegs sind. Während des Tages ruhen sie in Spalten von Korallenriffen oder in ihren Bauen unter Felsen.

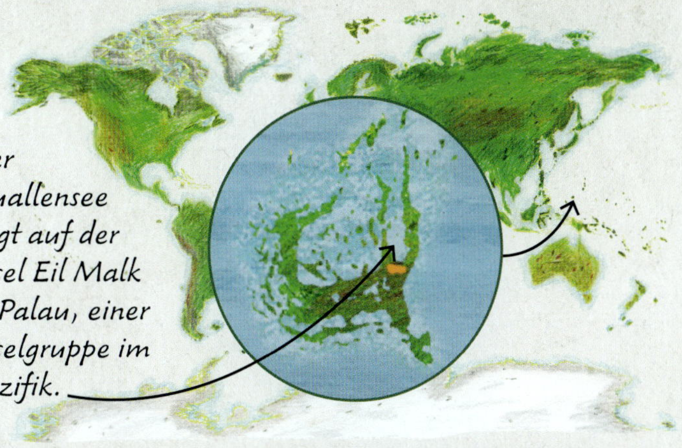

Der Quallensee liegt auf der Insel Eil Malk in Palau, einer Inselgruppe im Pazifik.

GOLDQUALLE

Im Quallensee leben ungefähr fünf Millionen Goldquallen. Die Quallenart kommt nur in diesem Salzwassersee der Inselgruppe Palau vor. Jeden Tag machen die Tiere eine kleine Wanderung im See, um möglichst viel Sonnenlicht einzufangen. Ihr wissenschaftlicher Name lautet, benannt nach dem früheren Präsidenten von Palau Ngiratkel Etpison, *Mastigias papua etpisoni*.

Wie alle Quallen hat die Goldqualle weder ein Gehirn noch ein Skelett oder Herz. Ihr Körper besteht fast nur aus Wasser. Die goldene Färbung entsteht durch kleine Algen in ihrem Körper.

QUALLENWANDERUNG

Die Quallen haben im Quallensee gute Lebensbedingungen. Es gibt zahlreiche winzige Lebewesen, von denen sie sich ernähren, und keine Fressfeinde. Deshalb vermehren sie sich stark. Die meisten Quallenarten treiben richtungslos im Wasser, während die Goldquallen jeden Tag durch den See wandern, um der Sonne zu folgen.

Der Quallensee heißt auf Palauisch Ongeim'l Tketau und wurde vor 12 000 Jahren vom Meer abgetrennt. Seither vermehren sich die Quallen in diesem See gut.

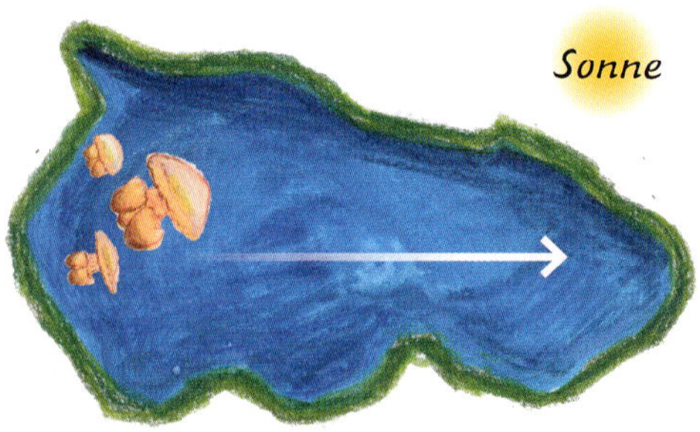

Am Morgen wandern die Quallen der aufgehenden Sonne entgegen.

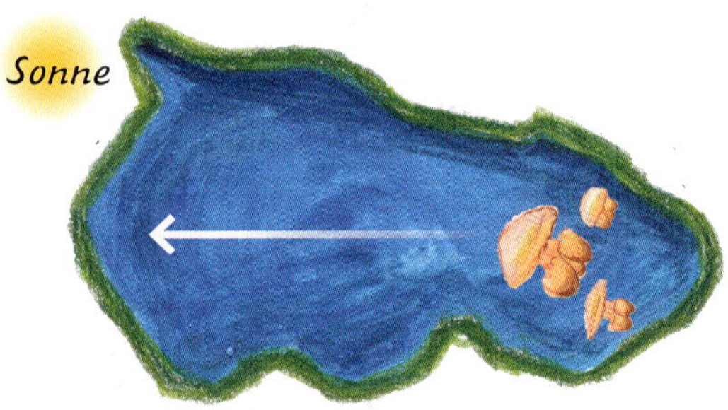

Am Nachmittag wandern die Quallen westwärts durch den See und folgen dabei der untergehenden Sonne.

Tageswanderung

Die Quallen sind ständig in Bewegung. Wenn die Sonne am Himmel aufsteigt, machen sie sich im Westen des Sees auf den Weg und schwimmen der Sonne entgegen. Um die Mittagszeit bleiben sie an einer Stelle, um sich zu sonnen. Später wechseln sie die Richtung und schwimmen der untergehenden Sonne entgegen nach Westen.

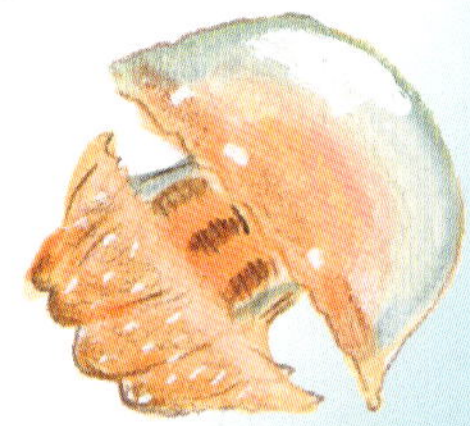

Die Quallen bilden Schwärme.

Lebenswichtiges Sonnenlicht

Winzige Algen leben im Körper der Quallen. Sie brauchen Sonnenlicht, denn sie betreiben Fotosynthese, um Nährstoffe herzustellen. Die Quallen bekommen von den Algen einen Teil dieser Nährstoffe und folgen deshalb der Sonne.

Massenaussterben

1998 stieg die Temperatur im Quallensee und alle Quallen starben. Zum Glück überlebten Larven in den Tiefen des Sees. Im Jahr 2000 war das Wasser abgekühlt und seither gibt es wieder Quallen im See.

Quallen schützen sich mit ihren nesselnden Tentakeln vor Fressfeinden. Das Gift der Goldquallen ist jedoch nur schwach. Im See sind sie sicher und müssen sich nicht verteidigen.

Menschen schnorcheln und schwimmen gern im Quallensee, denn die Nesselzellen der Quallen können ihnen nichts anhaben. Mittlerweile ist es aber verboten, im See zu tauchen, damit sich die Quallen nachts ungestört in tiefere Bereiche zurückziehen können.

Wie bewegen sich Quallen fort?

Quallen schwimmen, indem sie die Muskeln um ihren Schirm zusammenziehen und wieder entspannen. Beim Zusammenziehen wird Wasser nach hinten ausgestoßen, sodass sie nach vorn katapultiert werden.

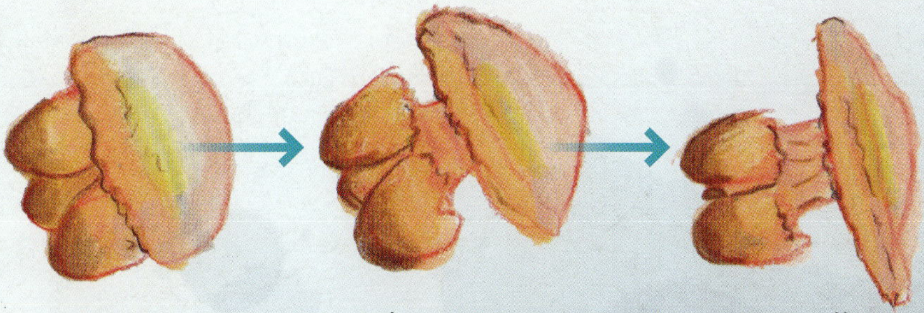

Bereit zum Schwimmen

Vorbereitung, um sich vorwärts zu bewegen

Die Qualle schwimmt stoßartig nach vorn.

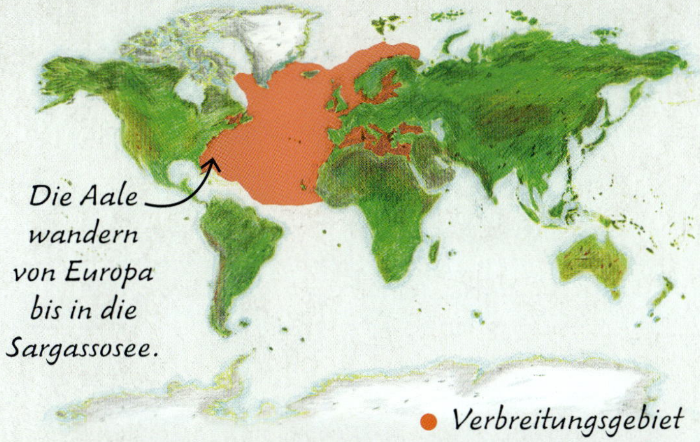

EUROPÄISCHER AAL

Jeden Herbst machen sich Tausende Aale auf eine weite Wanderung. Sie brechen in Flüssen und Bächen in Europa auf und schwimmen in die Sargassosee im westlichen Atlantischen Ozean. Die Reise zu ihren Fortpflanzungsgebieten kann ein Jahr dauern.

Die schlangenähnlichen Fische verbringen den größten Teil ihres Lebens in Flüssen, Bächen und Ästuaren (Flussmündungen). Tagsüber verstecken sie sich und in der Nacht jagen sie kleine Tiere.

ÜBER DEN ATLANTIK

Erwachsene Europäische Aale legen ihre Eier weit von ihrem Zuhause entfernt ab. Die Reise über den Atlantischen Ozean in die Sargassosee kann viele Monate dauern. Oft wandern die Aale mehr als 5000 Kilometer weit.

Europäische Aale folgen verschiedenen Routen zu ihren Fortpflanzungsgebieten. Einige schwimmen möglichst kurze Strecken, andere machen unglaublich weite Reisen.

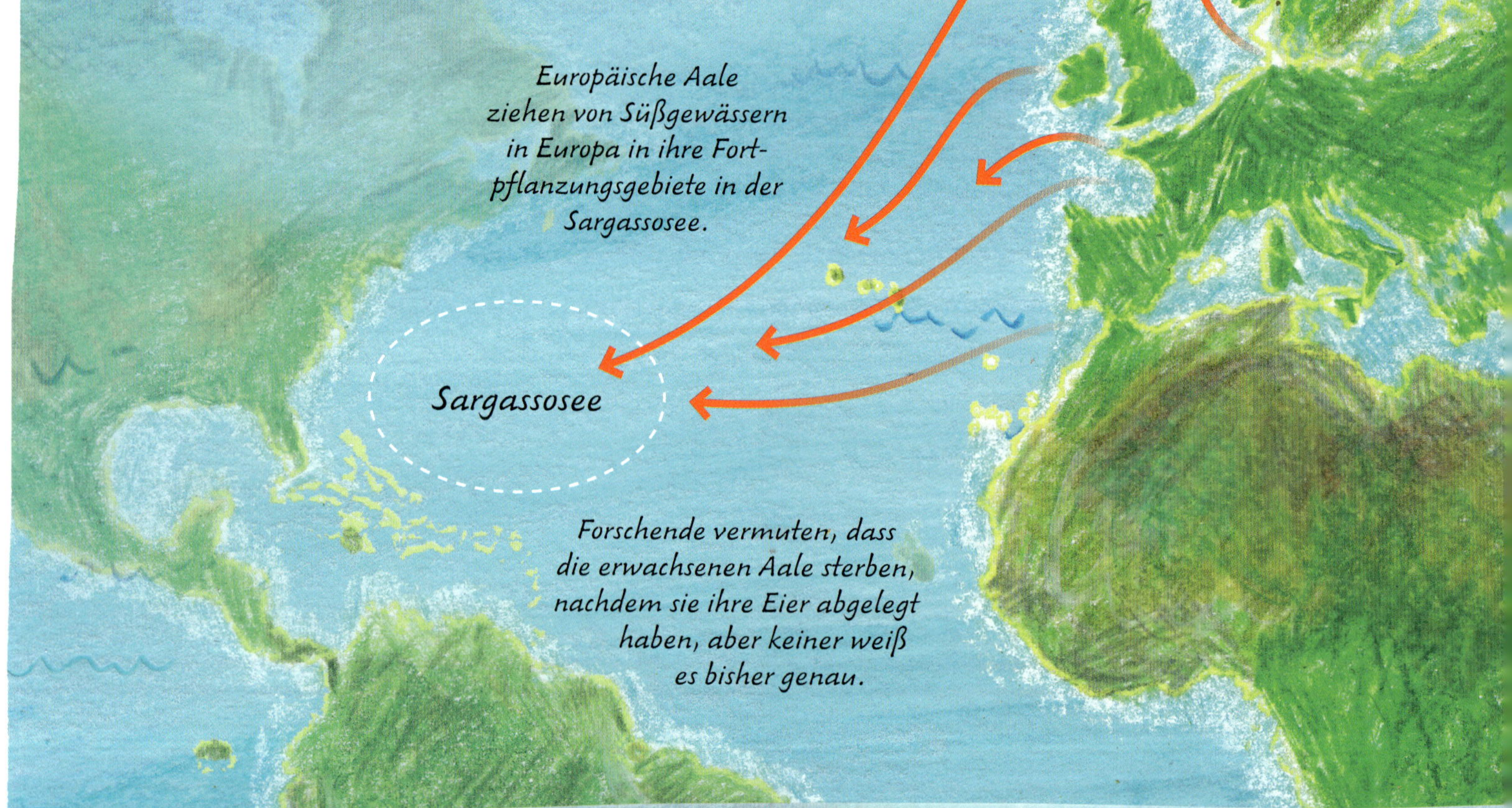

Europäische Aale ziehen von Süßgewässern in Europa in ihre Fortpflanzungsgebiete in der Sargassosee.

Forschende vermuten, dass die erwachsenen Aale sterben, nachdem sie ihre Eier abgelegt haben, aber keiner weiß es bisher genau.

In Strömungen treiben

Die erwachsenen Aale pflanzen sich in der Sargassosee fort. Meeresströmungen transportieren die kleinen Eier über den riesigen Atlantischen Ozean und irgendwann schlüpfen Larven aus ihnen.

Lebenszyklus

Europäische Aale können 20 Jahre alt werden. Sie durchlaufen dabei verschiedene Entwicklungsstadien, bei denen sich ihr Körper immer wieder verwandelt. Mit 12 bis 15 Jahren werden weibliche Aale geschlechtsreif.

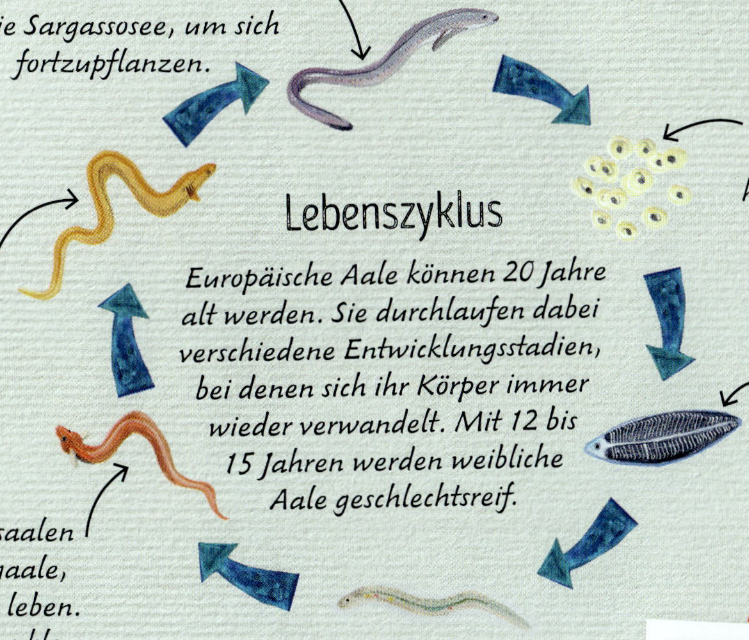

Auf der Suche nach Süßwasser

Die Larven treiben manchmal ein Jahr lang umher. Sie suchen nach Flussmündungen und schwimmen flussaufwärts.

Die Eier und Jungaale werden oft zur Beute von hungrigen Räubern wie Reihern.

Zurück zum Geburtsort

Aale wechseln ihre Farbe, um sich an ihre unterschiedlichen Lebensräume anzupassen. Wenn sie ausgewachsen sind, glänzen ihre Schuppen silbrig. So sind sie perfekt getarnt, wenn ihr langer Weg in die Sargassosee beginnt. Dort legen sie ihre Eier ab und der Lebenskreislauf beginnt von vorn.

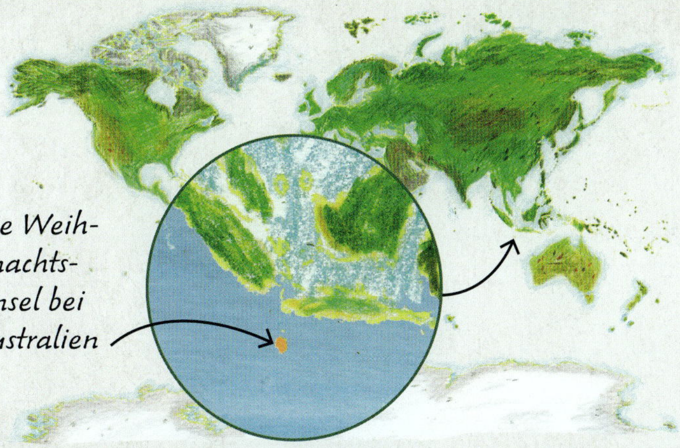

WEIHNACHTSINSEL-KRABBE

Jedes Jahr kommen auf der Weihnachtsinsel ungefähr 100 Millionen große rote Krabben aus den Wäldern und ziehen zum Indischen Ozean. Ihre Wanderung dauert etwa eine Woche. Die Tiere laufen über Straßen, Bäche, Felsen und Strände. Wenn sie das Meer erreichen, paaren sie sich und die Weibchen geben ihre Eier ins Wasser ab.

Die Krabben haben bis zu 11,5 cm Durchmesser.

AUF ZUM STRAND

Bei dieser Wanderung ist der richtige Zeitpunkt entscheidend. Die Krabben laufen vom Wald an den Strand, graben einen Bau, paaren sich und legen Eier. Das dauert mehrere Wochen. Die Eier müssen genau im richtigen Moment ins Meer abgegeben werden, deshalb ist es wichtig, dass vorher alles zu einer ganz bestimmten Zeit geschieht.

Der Mond bestimmt das Datum

Die Krabbenwanderung beginnt, wenn die Regenzeit einsetzt, und auch die Mondphase spielt dabei eine Rolle. Die Krabben müssen zum Strand wandern, um im letzten Viertel der Mondphase ihre Eier abzulegen. Sie wissen genau, wann sie im Wald aufbrechen müssen.

Hindernislauf

Straßen, Felsen, Eisenbahnschienen und Bäche sind den Weihnachtsinsel-Krabben im Weg. Deshalb bauen Naturschützerinnen und Naturschützer Wege, Brücken und Tunnel, damit die Tiere ungehindert wandern können. Manchmal werden auch Straßen gesperrt.

Treffen am Strand

Die Männchen schwimmen kurz im Meer und graben dann Baue in den Sand. Sie paaren sich mit den Weibchen, die sich mit ihren Eiern in den Bau zurückziehen. Währenddessen machen sich die Männchen auf die lange Wanderung zurück in den Wald.

Kleine Krabben

Jedes Krabbenweibchen legt ungefähr 100 000 Eier, die es zwei Wochen lang am Körper ausbrütet und dann ins Meer entlässt. Aus den Eiern schlüpfen winzige Larven. In etwa einem Monat wachsen sie zu kleinen Krabben heran, die das Meer verlassen und in die Wälder wandern.

Zooplankton kommt in den Ozeanen auf der ganzen Erde vor.

ZOOPLANKTON

Die meisten Lebewesen des Zooplanktons sind so klein, dass man sie nur unter dem Mikroskop deutlich erkennen kann. Trotzdem machen sie unglaublich weite Wanderungen. Alle 24 Stunden schwimmen sie bis zur Meeresoberfläche und dann wieder hinab in die Tiefsee.

Ohne Mikroskop sehen die Plankton-Lebewesen wie winzige Flöckchen aus, die im Meer treiben. Viele von ihnen sind Eier und Larven, aus denen sich später Krebse, Quallen, Schnecken und andere Tiere entwickeln.

IMMER AUF UND AB

Jeden Morgen sinken auf der ganzen Erde Milliarden Zooplankton-Lebewesen in die Tiefen der Ozeane. Wenn abends die Sonne untergeht, steigen sie wieder auf und ernähren sich von winzigen Algen – dem Phytoplankton. Betrachtet man die gesamte Masse der Lebewesen, ist das die größte Tierwanderung auf dem Planeten.

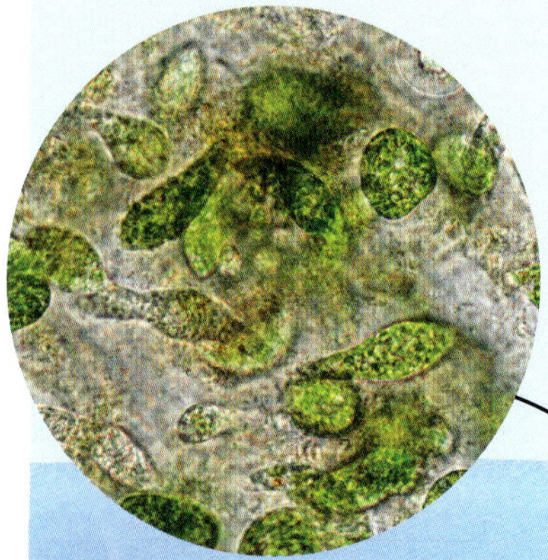

Die winzigen pflanzenartigen Lebewesen des Phytoplanktons betreiben Fotosynthese. Das bedeutet, dass sie mit der Energie des Sonnenlichts Nährstoffe herstellen. Dafür müssen sie in die lichtdurchfluteten Meeresschichten aufsteigen.

Das Plankton bildet die Basis der Nahrungsketten im Meer, weil es die Nahrung aller größeren Tiere ist.

Viele Fische verbringen ihr ganzes Leben in den oberen, helleren Bereichen der Ozeane und tauchen nie in die Tiefsee ab.

In der Tiefsee

Das Zooplankton wandert in die dunklen Tiefen, wo es nicht von Fischen entdeckt und gefressen wird und vor der Strahlung der Sonne geschützt ist.

Einige Haie, Kalmare, Quallen und Fische verbergen sich tagsüber in der dunklen Tiefsee.

Nachts an der Meeresoberfläche

Wenn die Nacht anbricht, steigt das Zooplankton zur Oberfläche auf, um sich vom Phytoplankton zu ernähren. Manche der winzigen Organismen wandern dabei 1000 m weit. Das ist für sie so weit, als würde ein Mensch eine 10-km-Strecke laufen.

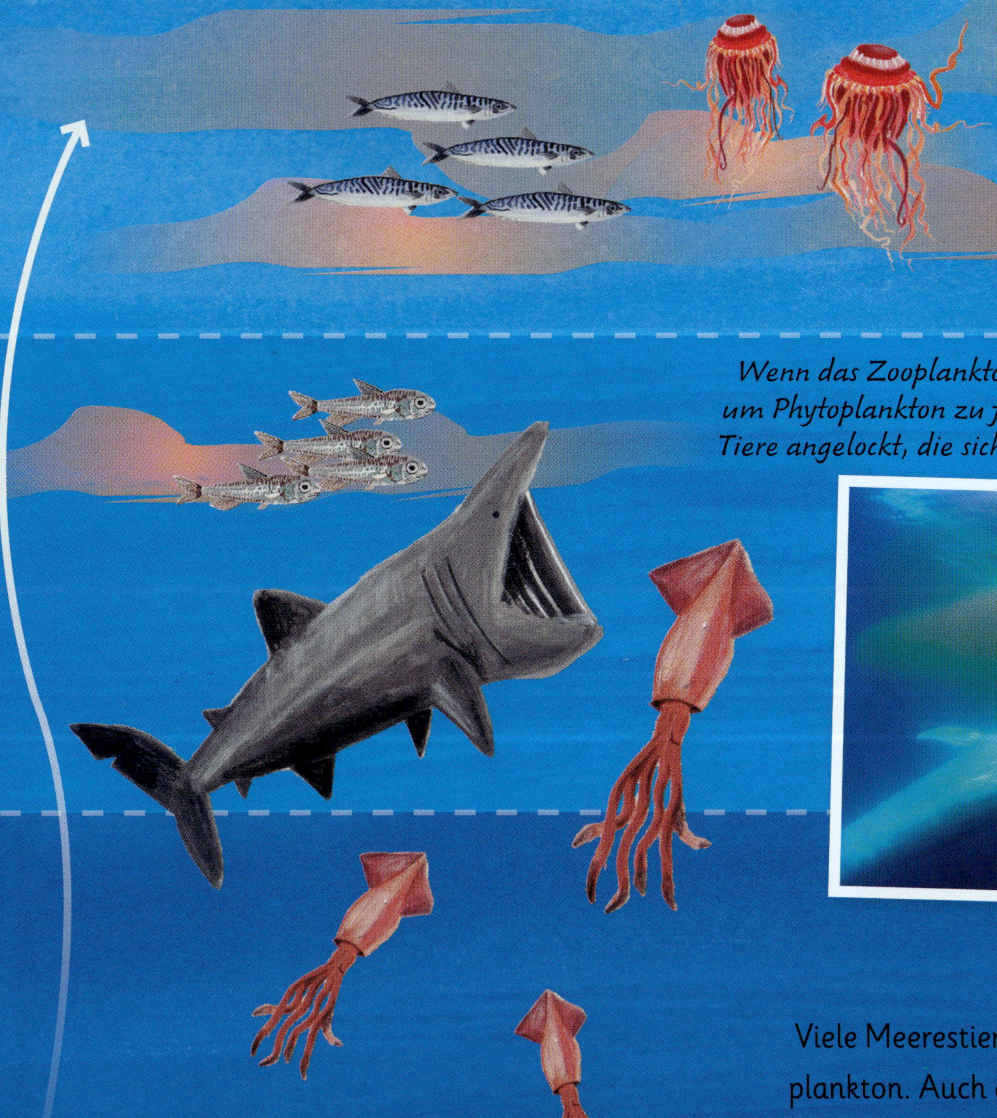

Wenn das Zooplankton zur Oberfläche aufsteigt, um Phytoplankton zu fressen, werden auch größere Tiere angelockt, die sich vom Zooplankton ernähren.

Auch andere Tiere wie Haie und Kalmare wandern nachts zur Meeresoberfläche.

Klein, aber wichtig

Viele Meerestiere ernähren sich vom Zooplankton. Auch die Blauwale, die größten Tiere der Erde, fressen winzige Krillkrebse, die zum Zooplankton gehören.

Kleine Opossums lassen sich von ihrer Mutter herumtragen.

REISEN PER ANHALTER

Nicht jedes Tier fliegt oder läuft weite Strecken. Viele reisen sozusagen per Anhalter, indem sie sich einfach von anderen Tieren tragen lassen. So finden sie mehr Nahrung oder sind vor ihren Feinden sicher. Andere sparen auf diese Weise wertvolle Energie.

Schiffshalter heften sich an Walhaie, um sich von ihnen herumtragen zu lassen.

GEMEINSAM UNTERWEGS

Einige Tiere lassen sich von anderen Tieren, sogenannten Wirten, tragen. Wenn beide Beteiligten aus diesem Zusammenschluss Nutzen ziehen, nennt man das eine Symbiose. In manchen Symbiosen transportiert ein Tier seinen Partner, während dieser ihn sauber hält, vor Feinden schützt oder Nahrung herbeischafft.

Faultiermotte

Diese Motten leben im Pelz der südamerikanischen Dreifingerfaultiere, die sich sehr langsam bewegen. Die Mottenweibchen legen ihre Eier im Kot der Tiere ab, von dem sich die Larven nach dem Schlüpfen ernähren. Im Fell eines Faultiers leben oft mehr als 100 Faultiermotten.

Wenn Krabben und Seeigel sich zusammentun, haben beide einen Vorteil. Der Seeigel wird transportiert, während er die Krabbe mit seinen Stacheln vor Räubern beschützt.

Schiffshalter haben eine Saugplatte am Kopf, mit der sie sich an ihren Wirt heften können.

Schiffshalter

Diese Fische heften sich an andere Tiere und lassen sich von ihnen tragen. Haie, Wale, Mantarochen und sogar Boote sind ihre Unterwassertaxis, die sie mit Hochgeschwindigkeit durchs Meer befördern. Die Schiffshalter fressen Nahrungsreste ihrer Wirte und halten sie gesund und sauber.

Forschende glauben, dass Pseudoskorpione Harlekinkäfer nutzen, um von einem Baum zum anderen zu gelangen. Die Pseudoskorpione erbeuten Käferlarven.

Der kleine Pseudoskorpion reist unter den Flügeln des Harlekinkäfers. Seine Scheren sind schwach, sodass er seinen Träger dabei nicht verletzt.

Kleine Opossums lassen sich von ihren Müttern herumschleppen. Sie klammern sich an die Mama, wenn sie auf Futtersuche geht. So müssen sie nicht selbst laufen und sind vor Fressfeinden sicher.

Ein pfiffiger Käfer

Arbeiterinnen der Ameisen bringen Nahrung ins Nest und laufen dabei in einer Reihe. Ein kleiner Käfer trickst sie geschickt aus: Mit seinen kräftigen Kiefern hält er sich an einer Ameise fest und lässt sich von ihr in das Ameisennest tragen, wo er sich an der eingelagerten Nahrung bedient.

Kleine Krebstiere nutzen Haie als Taxis und ernähren sich gleichzeitig von ihnen. Einige sitzen selbst auf den Augen der Haie, sodass diese sogar blind werden können.

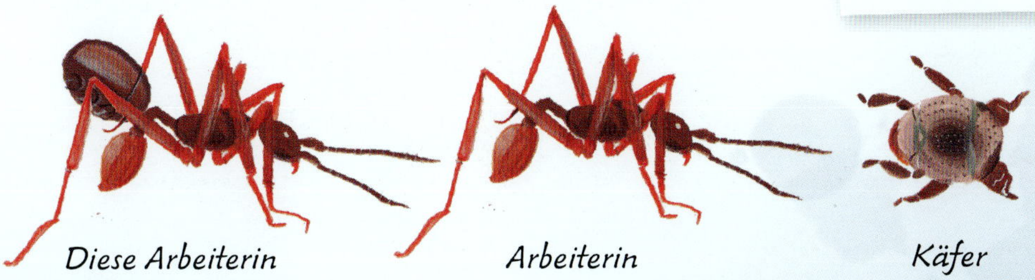

Diese Arbeiterin trägt einen Käfer.

Arbeiterin

Käfer

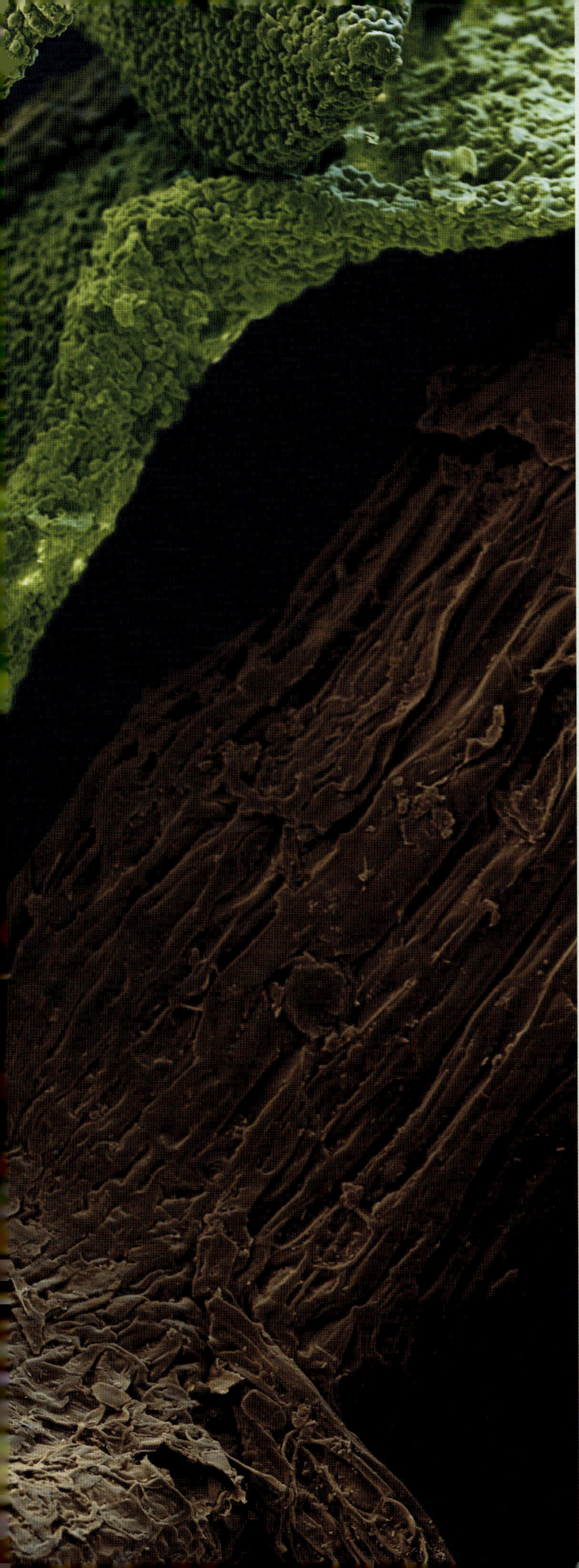

Bärtierchen kommen auf der ganzen Erde vor.

BÄRTIERCHEN

Die unscheinbaren Bärtierchen spielen in der Natur eine wegbereitende Rolle. Sie sind so winzig wie der Punkt am Ende dieses Satzes. Dennoch gehören die stummelbeinigen, langsamen Kerlchen zu den robustesten Tieren der Erde. Bärtierchen sind wie Pioniere oft die Ersten, die neu entstandenes Festland besiedeln. Sie können unter sehr extremen Bedingungen überleben.

Bärtierchen halten sich mit ihren spitzen Krallen an Pflanzen fest.

KLEINE PIONIERE

Bärtierchen überleben extreme Bedingungen, ohne Schaden zu nehmen. Sie ertragen bis zu 148 °C Hitze und –273 °C Kälte und kommen zehn Jahre lang ohne Wasser aus. Einige von ihnen hat man sogar in den Weltraum gebracht und sie haben überlebt!

Bei extremen Bedingungen trocknen Bärtierchen zu Tönnchen aus. Ein Wassertropfen kann ein Tönnchen wieder zum Leben erwecken.

Das Mondlandegerät Beresheet legte eine Bruchlandung hin.

Überlebenskünstler

2019 setzte das Mondlandegerät *Beresheet* auf dem Mond auf. An Bord waren auch Bärtierchen im Tönnchen-Zustand. Man vermutet, dass sie noch immer am Leben sind und darauf warten, von ein paar Wassertropfen wieder aufgeweckt zu werden.

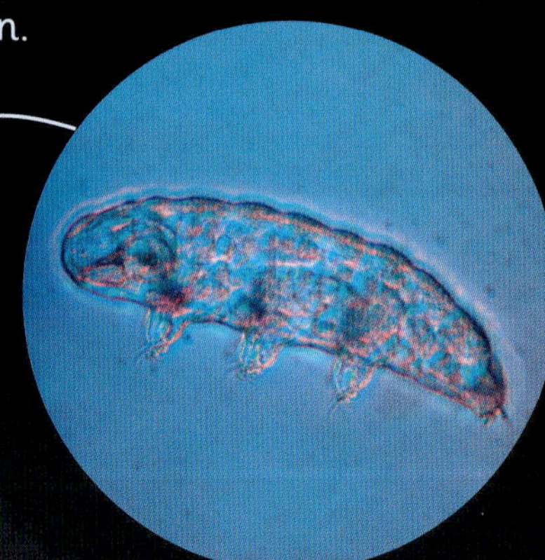

Wenn man ein Bärtierchen unter dem Mikroskop betrachtet, kann man sehen, dass es vier kleine Beinpaare mit spitzen Krallen hat.

Kleine Astronauten

Bereits 2007 brachte man ungefähr 3000 Bärtierchen an Bord eines unbemannten Raumschiffs ins All. Sie waren der Austrocknung, der eisigen Kälte, der Schwerelosigkeit und der extremen Strahlung ausgesetzt.

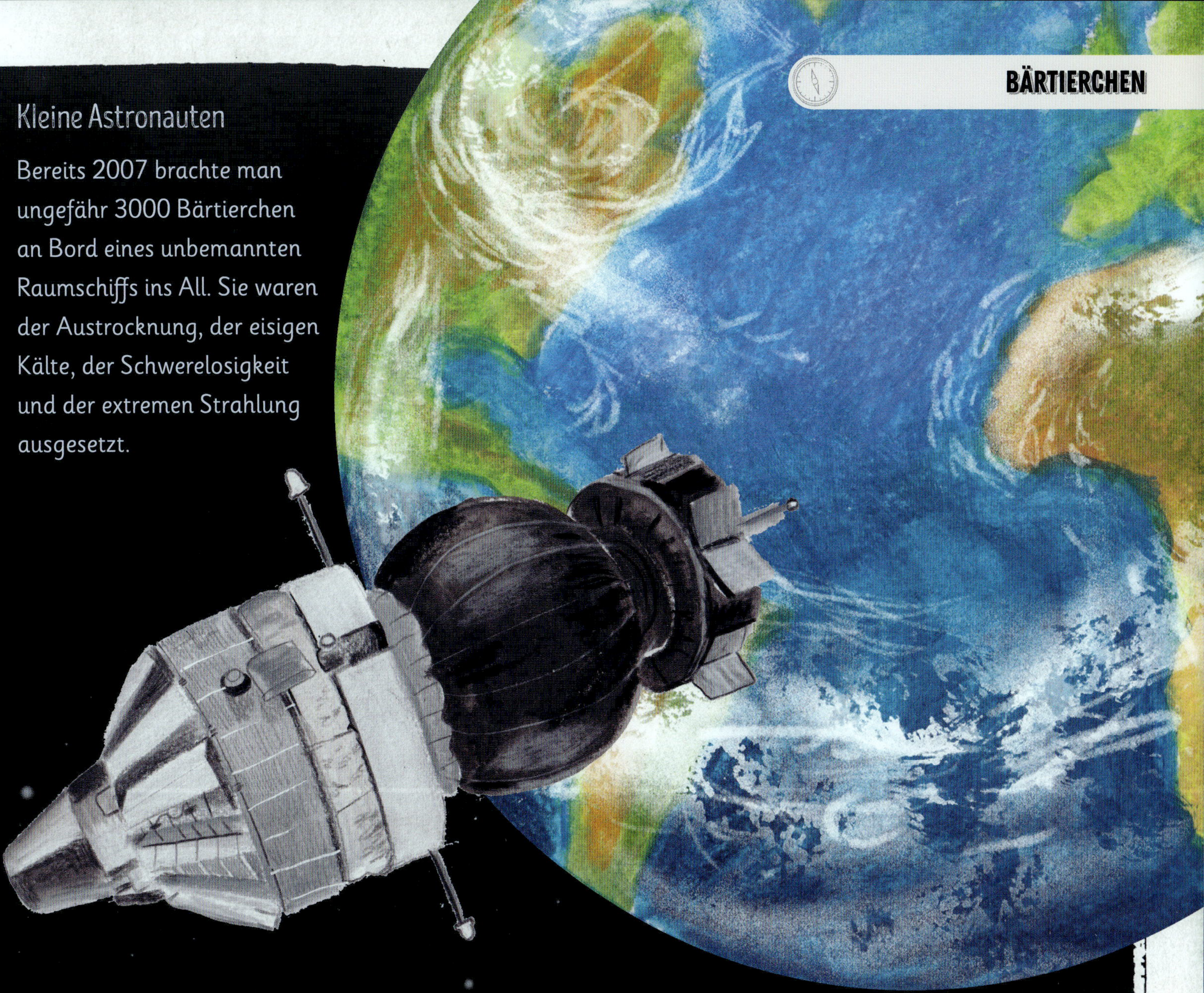

Unglaublich zäh

Erstaunlicherweise überlebten die Bärtierchen zehn Tage im Vakuum des Weltalls. Ein Mensch würde hier höchstens zwei Minuten lang überleben. Man kennt bisher keine anderen Tiere, die solche extremen Bedingungen überstehen.

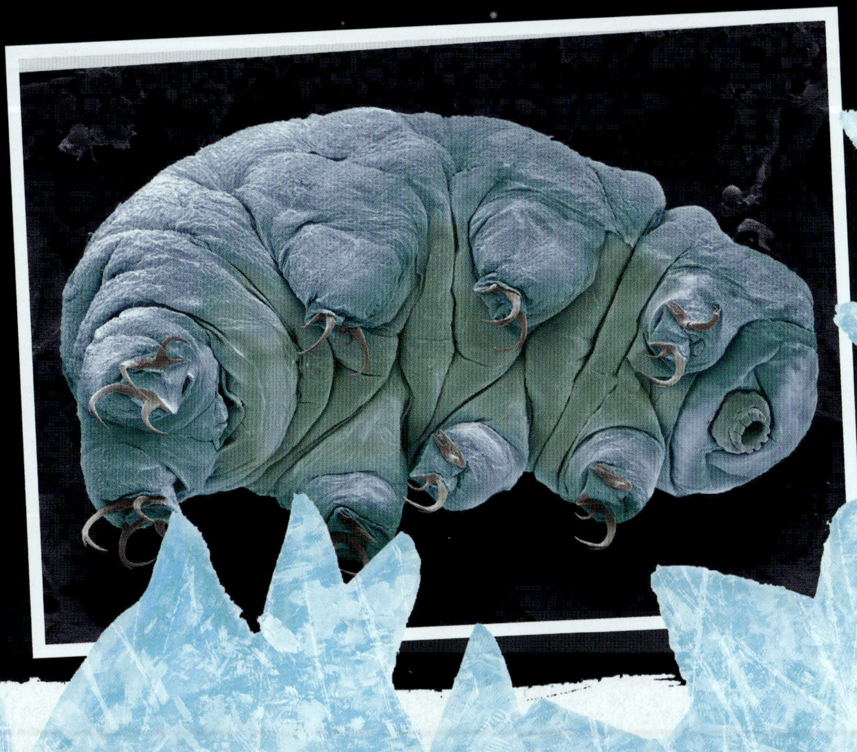

Pflanzensamen gibt es in unendlich vielen Formen und Größen. Einige nutzen den Wind zur Verbreitung.

PFLANZEN

Ohne Pflanzen gäbe es auch die meisten anderen Lebewesen auf der Erde nicht. Pflanzen bieten Tieren unterschiedlicher Größe Nahrung und Schutz. Im Gegenzug verbreiten Tiere ihre Samen. Wenn sie Früchte oder Nüsse fressen oder an Kletten vorbeistreifen, die in ihrem Fell haften bleiben, transportieren sie die Samen zu neuen Orten. So breiten sich Pflanzen im Lauf vieler Jahre in riesigen Gebieten aus.

Auch Menschen verbreiten viele Pflanzen. Tomatenpflanzen zum Beispiel liefern uns Nahrung, deshalb haben wir sie in die ganze Welt gebracht.

WANDERUNGEN DER PFLANZEN

Jede Pflanze wächst nur bei besonderen Bedingungen. Der Boden, die Temperatur, das Licht und die Regenmenge müssen stimmen. Wenn sich die Bedingungen zu schnell und zu stark verändern, wachsen Pflanzen oft schlecht oder sterben ab. Manche wachsen an Orten, an denen die meisten anderen Arten nicht gedeihen könnten.

Im Lauf der Generationen

Wenn sich die Bedingungen in einer Gegend ungünstig verändern, gelangen vielleicht einige der Samen an einen neuen Ort, an dem sie keimen können. Zwar wandert eine einzelne Pflanze nicht, aber ihre Nachkommen können neue Gegenden besiedeln.

Kiefern wachsen nicht auf tropischen Inseln, denn hier sind die Bedingungen für sie ungeeignet. Palmen dagegen haben an schneebedeckten Berghängen nicht die Bedingungen, die sie brauchen. Sie gedeihen auf tropischen Inseln besser.

Einige Baumarten, die im Osten der USA vorkommen, können in 100 Jahren bis zu 100 km in Richtung Norden wandern.

Klimawandel

Weil sich das Klima verändert, müssen sich Bäume und andere Pflanzen anpassen, denn sie brauchen die richtigen Bedingungen. Auch Millionen Tierarten sind vom Klimawandel bedroht und müssen sich auf Wanderschaft machen, um neue Gebiete zu besiedeln.

Großer Panda

Große Pandas fressen vor allem Bambus. Weil sich das Klima verändert, wird es in den Gebieten, in denen die Pandas leben, immer wärmer und trockener. Der Bambus kann nur höher im Gebirge wachsen, wo es kühler ist, und die Großen Pandas wandern mit ihm.

Asiatischer Elefant

Menschen bringen Nutzpflanzen an neue Orte, wo diese Pflanzen oft einheimische Arten verdrängen. Asiatischen Elefanten und vielen anderen Tieren bereitet das Probleme, da sie sich von einheimischen Pflanzen ernähren.

SAMEN

Pflanzen haben keine Beine, aber sie haben verschiedene Strategien entwickelt, damit ihre Samen an Orte gelangen, wo die jungen Pflanzen gut wachsen können. Einige verbreiten ihre Samen aus eigener Kraft, andere nutzen den Wind, das Wasser oder Tiere.

Die giftige Spritzgurke stammt aus dem Mittelmeergebiet. Sie verspritzt ihre Samen bis zu 6 m weit.

Selbstverbreitung

Manche Pflanzen verbreiten ihre Samen ohne fremde Hilfe. Oft fallen sie einfach auf den Boden. Das bedeutet meist, dass sie nicht sehr weit kommen. Bei anderen Pflanzenarten verspritzen die Früchte eine Flüssigkeit, welche die Samen enthält, oder die Kapseln platzen explosiv auf und schleuden die Samen fort.

Das Drüsige Springkraut hat einen cleveren Trick, um sich in der Natur auszubreiten. Seine Samenkapseln springen auf und schleudern dabei die Samen heraus. Man sieht dieses invasive Springkraut an vielen Fluss- und Bachufern.

Hilfe bei der Verbreitung

Einige Pflanzen nutzen den Wind, das Wasser oder Tiere und Menschen, um ihre Samen zu verbreiten. Das bedeutet meist, dass die Samen viel weiter von der ursprünglichen Pflanze forttransportiert werden.

Kokosnüsse sind die Früchte von Palmen. Sie treiben oft im Ozean. Die harte Schale schützt den Samen im Inneren, bis die Kokosnuss an einen fernen Strand gespült wird.

Mangrovenbäume bilden Brutknospen, die ein Jahr lang im Salzwasser überleben können. Sie treiben auf der Wasseroberfläche und schlagen rasch Wurzeln, sobald sie den Grund berühren.

Mangrovenbäume wachsen an Küsten im salzhaltigen Wasser. Die hohen, verzweigten Wurzeln heben die Bäume über das Wasser und bieten verschiedenen Tieren Schutz.

TIERE ALS TAXIS

Auf ihren Wanderungen verbreiten Tiere Pflanzensamen in entfernte Lebensräume. Verschiedene Tierarten, von Ameisen bis hin zu Elefanten, transportieren die Samen im Fell oder an den Füßen. Andere fressen sie und ziehen weiter. Irgendwo kommen die Samen mit ihrem Kot wieder zum Vorschein.

Flughunde transportieren Samen zu entfernten Inseln im Pazifischen Ozean.

In tropischen Regenwäldern fressen Flughunde Früchte. Dann fliegen sie in ihre Schlafquartiere und die Samen kommen mit ihrem Kot wieder zum Vorschein. So verbreiten sich die Pflanzen im Wald.

In Alaska (USA) fressen Bären Früchte und verbreiten ihre Samen mit dem Kot. Ein Bär kann in einer Stunde 200 000 Samen in einem 1 km² großen Gebiet verbreiten.

WIE VERBREITEN SICH SAMEN?

Per Anhalter

Viele Samen haben Stacheln, Borsten oder Widerhaken. Mit ihnen heften sie sich an die Haut oder das Fell von Tieren, die an der Pflanze vorbeistreifen.

In Südafrika fressen Erdferkel Melonen, die in der Wüste wachsen und viel Wasser enthalten. Der Kot der Ferkel ist gleichzeitig ein Dünger, der die Melonensamen mit Nährstoffen versorgt.

Die Frucht des Indischen Rosenapfels ist leuchtend gelb und lecker und lockt Tiere an.

In Westbengalen verbreiten Indische Elefanten die Samen großer Waldbäume über weite Entfernungen.

Auch im Meer transportieren Tiere Samen. Suppenschildkröten verbreiten die Samen der Seegräser, die am Grund wachsen.

Auf den Galapagosinseln verbreiten Riesenschildkröten Samen von Kakteen und anderen Pflanzen. Forschende haben Samen von mehr als 45 verschiedenen Pflanzen im Kot der Schildkröten gefunden.

Kletten

Klettenfrüchte enthalten Samen. Mit ihren hakenartigen Stacheln heften sie sich an die Beine großer Tiere wie Zebras, Rinder und Strauße.

Klebrige Früchte

Mistelfrüchte enthalten klebrige Samen. Vögel fressen sie und wischen später ihre Schnäbel an Ästen ab. Dabei kleben sie die Samen dort fest.

Homo sapiens besiedelte Amerika vor ungefähr 100 000 Jahren. Vielleicht wanderten moderne Menschen vor etwa 15 000 Jahren über eine Landbrücke von Russland nach Alaska.

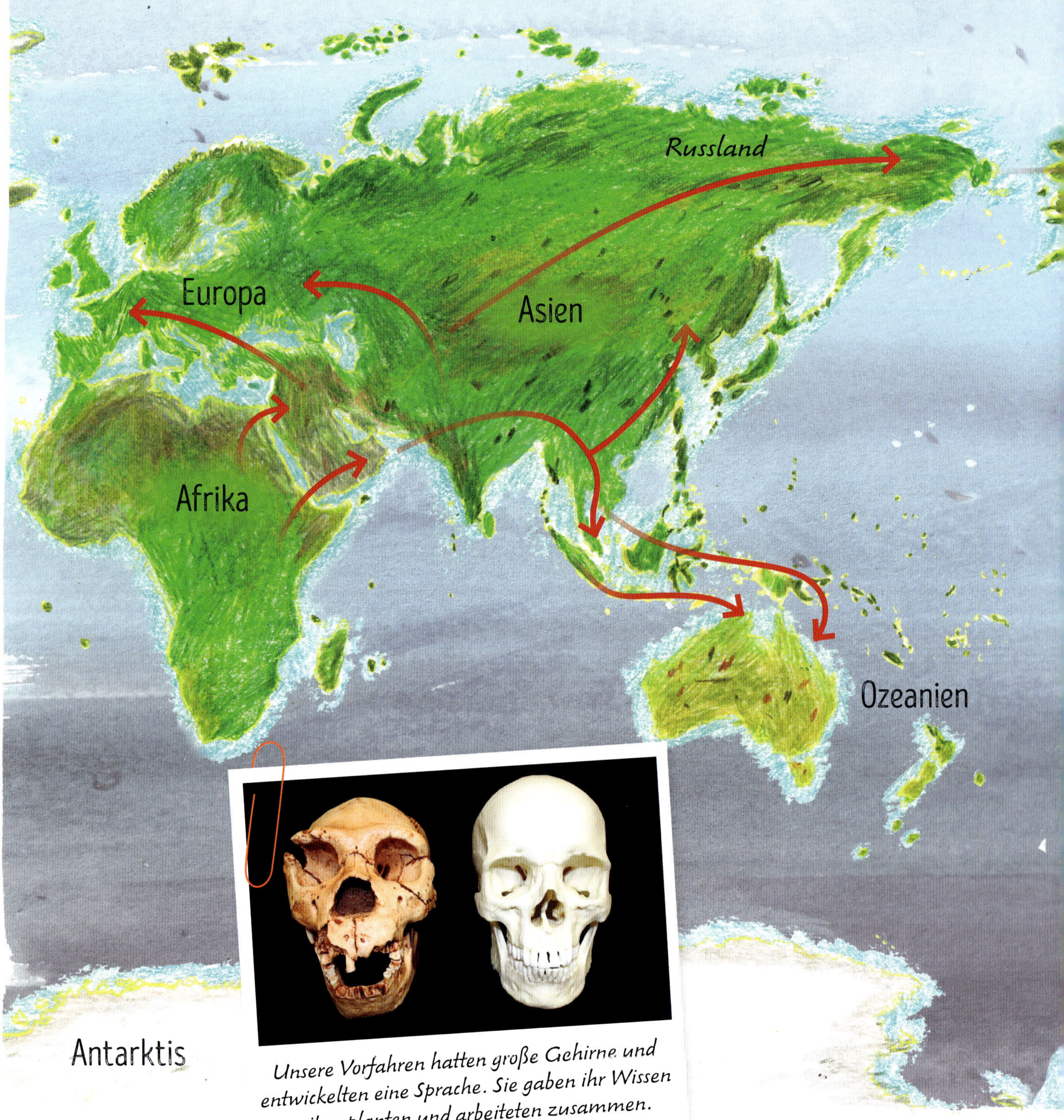

Unsere Vorfahren hatten große Gehirne und entwickelten eine Sprache. Sie gaben ihr Wissen weiter, planten und arbeiteten zusammen.

Als Homo sapiens lernte, das Feuer zu nutzen, brachte ihm das mehrere Vorteile. Gekochte und gebratene Nahrung etwa ist leichter verdaulich und enthält weniger Parasiten.

MENSCHEN

Unsere Vorfahren machten weite Wanderungen und veränderten dabei die Erde. *Homo sapiens*, die Art, der wir alle angehören, hat sich vor ungefähr 300 000 Jahren im östlichen Afrika entwickelt. Die modernen Menschen blieben mehr als 100 000 Jahre lang in Afrika. Dann wanderten einige von ihnen aus und besiedelten schließlich die ganze Erde. *Homo sapiens* war nicht die einzige Menschenart, die aus Afrika auswanderte, aber die einzige, die überlebt hat. Mithilfe von DNA-Analysen, Fossilien und der Erforschung von Steinwerkzeugen kann die Wissenschaft diese große Wanderung allmählich nachvollziehen.

Die modernen Menschen lernten, das Feuer für sich zu nutzen. So konnten sie sich wärmen, verteidigen und ihre Nahrung garen. All das trug dazu bei, dass sie sich ausbreiteten.

MODERNE WANDERUNGEN

Noch immer gehen Menschen auf Wanderschaft. Mit Autos, Zügen und Flugzeugen können wir uns heute schneller und in größerer Zahl fortbewegen als alle Generationen, die vor uns gelebt haben.

Vietnamesische Flüchtlinge flohen in überfüllten Booten, die für die Überfahrt nicht stabil genug waren.

Flüchtlinge und Migranten

Viele Menschen verlassen ihre Heimat, weil sie sich ein besseres Leben wünschen. In keinem Land der Welt gibt es so viele Einwanderer wie in den USA. Mehr als 40 Millionen Amerikaner und Amerikanerinnen sind in einem anderen Land geboren. Um 1900 fand innerhalb der USA eine große Wanderung statt. Sechs Millionen Afroamerikaner verließen die Südstaaten, weil sie dort diskriminiert wurden und keine guten Lebensbedingungen hatten.

Auf der Flucht

Viele Auswanderer sind Flüchtlinge, die ihr Zuhause nicht freiwillig verlassen haben. 1975 flohen zum Beispiel Tausende Vietnamesen in Booten aus Südvietnam, als die Hauptstadt Saigon am Ende des Vietnamkriegs von Nordvietnam eingenommen wurde.

In einigen nordischen Ländern folgen Menschen vom Volk der Sami den Rentieren auf ihren Wanderungen. Sie leben zu manchen Zeiten im Jahr in Zelten.

Ein Leben lang auf Wanderschaft

Nomaden wandern während ihres ganzen Lebens. Sie folgen Wildtieren, um sie zu jagen, oder Pflanzen, von denen sie sich ernähren. Einst waren alle Menschen Jäger und Sammler. Noch heute gibt es einige Nomadenvölker und Halbnomaden wie die Massai in Kenia.

Nomaden ziehen durch die Mongolei, damit ihre Tiere genügend Nahrung finden. Kamele tragen ihre Zelte.

Die Massai, die in Kenia und Tansania leben, sind Halbnomaden. Sie halten Ziegen und Rinder und leben in Dörfern aus Lehmhäusern, die man Kraals nennt.

Alljährliche Reise

Wenn Familien auf der ganzen Erde das chinesische Neujahrsfest feiern, kommt es zu einer riesigen Wanderung. Etwa drei Milliarden Menschen reisen zu ihren Verwandten, die anderswo leben, um mit ihnen zu feiern.

BEGRIFFE

Algen
Die meisten dieser pflanzenähnlichen Lebewesen kommen im Wasser vor. Tang gehört zum Beispiel zu den Algen.

Amphibien
Wechselwarme Wirbeltiere, die zu Beginn ihres Lebens im Wasser und später an Land leben.

Anpassung
Lebewesen verändern im Lauf der Zeit ihr Aussehen und Verhalten, sodass sie in neuen Umgebungen besser zurechtkommen.

Äquator
Eine gedachte Linie zwischen dem Nord- und dem Südpol, die die Erde in die Nord- und Südhalbkugel teilt.

Art
Eine Gruppe von Tieren oder Pflanzen, die ähnlich aussehen und gemeinsam Nachwuchs bekommen.

Ästuar
Das Gebiet, in dem ein Fluss ins Meer mündet. Im Ästuar mischen sich Süß- und Salzwasser.

Außenskelett
Die robuste Körperbedeckung, die Insekten und Krebstiere schützt und stützt. Diese Tiere haben kein inneres Skelett aus Knochen.

Aussterben
Wenn das letzte Tier einer bestimmten Art gestorben ist, ist die ganze Tierart ausgestorben.

Echoortung
Einige Tiere finden mit Echoortung ihre Nahrung und orientieren sich auf diese Weise. Sie stoßen dabei Laute aus, die auf einen Gegenstand treffen, und nehmen wahr, wie lange es dauert, bis das Echo zu ihnen zurückkehrt.

Einheimisch
Einheimische Arten leben schon seit langer Zeit in einem Gebiet und wurden nicht von Menschen dorthin gebracht.

Einzelgänger
Manche Tiere leben nicht in Gruppen oder Paaren, sondern sind allein unterwegs.

Flügelspannweite
Der Abstand von einer Flügelspitze zur anderen.

Fortpflanzung
So nennt man es, wenn Tiere oder Pflanzen Nachwuchs haben. Manche Tiere legen Eier, während andere weit entwickelte Junge zur Welt bringen. Pflanzen bilden Samen oder Sporen, um sich fortzupflanzen.

Fotosynthese
Pflanzen und Algen betreiben Fotosynthese, um mit der Energie des Sonnenlichts ihre eigenen Nähr- und Baustoffe herzustellen.

Gefährdet
Eine Tier- oder Pflanzenart, die bald aussterben könnte.

Gleichwarm
Ein Tier, das eine gleichbleibend hohe Körpertemperatur hat, die es regulieren kann, indem es schwitzt, um sich abzukühlen, oder zittert, um sich aufzuwärmen.

Homo sapiens
So nennt man den modernen Menschen mit wissenschaftlichem Namen. Wir alle gehören zu dieser Art.

Invasive Art
So nennt man eine Tier- oder Pflanzenart, die aus einer anderen Region in ein Gebiet vordringt und sich so stark ausbreitet, dass sie andere Arten verdrängt.

Klimawandel
Die Temperaturen und Wettermuster auf der Erde verändern sich. Ein Klimawandel kann natürliche Ursachen haben, aber den momentanen Klimawandel haben wir Menschen bewirkt.

Kolonie
Eine große Gruppe von Tieren, die gemeinsam leben. Oft arbeiten sie dabei zusammen.

Krebstier
Ein wirbelloses Tier mit gegliederten Beinen, Fühlern und einem robusten Außenskelett. Krebse und Garnelen gehören zu dieser großen Gruppe.

Laich
So nennt man die Eier von Fröschen und Fischen.

Larve
So nennt man das Jugendstadium bei Insekten, Krebsen und anderen Tiergruppen. Die erwachsenen Tiere sehen oft völlig anders aus.

Lebensraum
Die natürliche Umgebung eines Tiers, die ihm Nahrung, Wasser und Verstecke bietet.

Masse
Die Masse verleiht einem Gegenstand sein Gewicht.

Monsun
Die Monsunwinde bringen in den Tropen und Subtropen viel Regen.

Nachtaktiv
Viele Tiere sind nachts aktiv und gehen dann auf Nahrungssuche. Tagsüber schlafen sie.

Nahrungskette
Das ist die Beziehung der Lebewesen, die andere fressen und selbst gefressen werden. Die Tiere an der Spitze haben keine Fressfeinde. Mehrere miteinander verknüpfte Nahrungsketten nennt man Nahrungsnetz.

Naturschutz
Die Bewahrung der Natur mit all ihren Pflanzen und Tieren.

Nomaden
Menschen, die im Lauf des Jahres umherziehen, statt immer in derselben Siedlung zu leben.

Oase
Ein Gebiet in einer Wüste, in dem es an der Oberfläche Wasser gibt, sodass dort Pflanzen wachsen und Tiere angelockt werden.

Phytoplankton
So nennt man winzige pflanzenartige Lebewesen wie etwa Algen, die in Meeren, Flüssen oder Seen nahe der Oberfläche treiben.

Pilze
Diese Lebewesen, zu denen etwa Champignons und Schimmelpilze gehören, zersetzen tote Pflanzen und Tiere, um sich von ihnen zu ernähren.

Plankton
Winzig kleine Lebewesen, die im Wasser vorkommen.

Polargebiete
Die Gebiete um den Nord- und Südpol.

Puppe
Bei Insekten, die eine vollständige Verwandlung durchlaufen, verpuppt sich das Jugendstadium. In der Puppe verwandelt es sich in ein völlig anderes Tier. Zum Beispiel verpuppt sich eine Raupe und aus der Puppe schlüpft ein Schmetterling.

Regenwald
Ein immergrüner Wald, in dem es regelmäßig viel regnet. Die meisten Regenwälder liegen in den Tropen.

Reptil
Ein wechselwarmes Wirbeltier mit schuppiger Haut, das an Land lebt und Eier legt.

Revier
Ein Gebiet, das ein Tier für sich beansprucht und gegen andere Mitglieder seiner Art verteidigt.

Säugetier
Ein gleichwarmes Wirbeltier mit einem Fell oder Haaren. Säugetiermütter säugen ihre Jungen mit Milch.

Symbiose
So nennt man es, wenn zwei verschiedene Arten ein wechselseitiges Verhältnis zueinander eingehen, von dem beide Arten einen Vorteil haben.

Tarnung
Wenn Farben und Muster oder die Körpergestalt dazu führen, dass ein Tier in seiner natürlichen Umgebung kaum zu erkennen ist.

Torpor
Wenn die Körperfunktionen eines Tiers langsamer ablaufen, weil kaum Nahrung oder Wasser vorhanden ist.

Tropen
In diesen Gebieten ist es während des ganzen Jahres sehr warm und es regnet viel. Die Tropen liegen in der Nähe des Äquators.

Verbreitung
Wenn sich Menschen, Tiere oder Pflanzen in einem großen Gebiet ausbreiten. Menschen und Tiere gehen auf Wanderschaft und Pflanzen verbreiten sich, indem ihre Samen oder Sporen forttransportiert werden.

Verbreitungsgebiet
Das gesamte Gebiet, in dem eine Tierart während des Jahres umherwandert oder in dem es ständig lebt.

Vollständige Verwandlung
Bei Tieren, die diesen Lebenszyklus durchlaufen, verwandelt sich das Jugendstadium in ein erwachsenes Tier, das völlig anders aussieht und eine ganz andere Lebensweise hat, wie zum Beispiel Käfer und Frösche.

Wanderung
Viele Tiere (und nomadisch lebende Menschen) wandern zu bestimmten Jahreszeiten in andere Gebiete. Sie finden dort mehr Nahrung oder ihr Nachwuchs hat bessere Bedingungen.

Wechselwarm
Tiere, deren Körpertemperatur von der Umgebung abhängig ist.

Wilderei
Wenn in einem Gebiet Tiere gejagt werden, obwohl es verboten ist.

Wirbelloses Tier
Ein Tier ohne Wirbelsäule und ohne Skelett aus Knochen. Zu dieser Gruppe gehören die Insekten, Krebstiere und Würmer.

Wirbeltier
Ein Tier mit einer Wirbelsäule und einem Skelett aus Knochen wie zum Beispiel ein Säugetier oder ein Vogel.

Zooplankton
Plankton, das aus winzigen Tieren, Eiern und Larven besteht.

REGISTER

A

B

C

D

E

F

L

M

O

P

Q

R

S

T

V

W

Z

DANK UND BILDNACHWEIS

Der DK Verlag dankt: Helen Peters für das Register und dem Team „Diversity, Equity, & Inclusion" für wertvolle Beiträge. Besonderer Dank gilt Kieran Jones und Olivia Stanford für ihre Beiträge und Gill McLay für ihre Unterstützung.

Der Verlag dankt folgenden Personen und Institutionen für die freundliche Genehmigung zum Abdruck von Fotos:

(Abkürzungen: o=oben; u=unten; m=Mitte; g=ganz; l=links; r=rechts)

1-176 Dreamstime.com: Daboost. **2-3 Alamy Stock Photo:** John Porter LRPS. **6-7 Dreamstime.com:** Robyn Mackenzie / Robynmac. **8-9 Alamy Stock Photo:** Sylvain Cordier / Nature Picture Library. **10 Alamy Stock Photo:** Ingo Arndt / Minden Pictures (ml). **Shutterstock.com:** Teresa Melcer (um). **10-11 Shutterstock.com:** Butterfly Hunter (Monarchfalter). **11 123RF.com:** picsfive (u). **12-13 Dreamstime.com:** David Hansche. **14-15 Dreamstime.com:** David Hansche (go); David Hansche (gom). **15 123RF.com:** picsfive (ul). **Dreamstime.com:** David Hansche (mo, ml, mr); David Hansche (m, mru); Wirestock (mro). **16-17 Alamy Stock Photo:** Peter O'Donovan. **18 Alamy Stock Photo:** Mitsuhiko Imamori / Minden Pictures (mr/Heuschrecke). **Dreamstime.com:** Robyn Mackenzie / Robynmac (mr). **naturepl.com:** Mike Potts (ul). **19 Shutterstock.com:** Holger Kirk (ur). **20-21 Alamy Stock Photo:** Kim Taylor / Nature Picture Library. **21 Alamy Stock Photo:** Michael & Patricia Fogden / Minden Pictures (mru). **22 Alamy Stock Photo:** FLPA (ul). **Getty Images:** Kuritafsheen (gor). **22-23 123RF.com:** picsfive. **Alamy Stock Photo:** Dorling Kindersley ltd (m/Ast). **naturepl.com:** Alex Hyde (m). **23 Alamy Stock Photo:** MYN / JP Lawrence / Nature Picture Library (mr); Michael & Patricia Fogden / Minden Pictures (m); Mark Moffett / Minden Pictures (u/Nest); Piotr Naskrecki / Minden Pictures (gor); Piotr Naskrecki / Minden Pictures (mro). **naturepl.com:** Alex Hyde (u). **24-25 Dreamstime.com:** Neal Cooper. **25 Alamy Stock Photo:** James Hager / robertharding (ur). **26 Alamy Stock Photo:** Petr Zurek (m). **Dreamstime.com:** Polojr (ul). **28-29 Alamy Stock Photo:** Redmond Durrell. **30 Alamy Stock Photo:** M. Palmer (mr). **31 Alamy Stock Photo:** Keith Burdett (ur); Finnbarr Webster (gol); Alex Hyde / Nature Picture Library (ml). **32-33 Alamy Stock Photo:** Michael Hutchinson / Nature Picture Library. **33 Alamy Stock Photo:** Daniel Munoz / Reuters (ur). **34-35 123RF.com:** picsfive (u). **Alamy Stock Photo:** FLPA. **34 Alamy Stock Photo:** Daniel Munoz / Reuters (ur). **Dreamstime.com:** Robyn Mackenzie / Robynmac (mlu). **Gustavo Hormiga:** (ul). **35 123RF.com:** picsfive (m). **Science Photo Library:** (m/HMS Beagle). **Shutterstock.com:** Ploy Makkason (um). **36-37 Dreamstime.com:** Micha Klootwijk. **37 123RF.com:** Andreas Vogel (ur). **38 Alamy Stock Photo:** Edo Schmidt (mr). **38-39 123RF.com. 39 123RF.com:** picsfive (u). **Getty Images / iStock:** Alphotographic (gor). **40-41 Alamy Stock Photo:** Ian Kenny. **41 Alamy Stock Photo:** Christoph Ruisz / imageBROKER (ur). **42 Alamy Stock Photo:** Alan Gambrell (um); Brian Kushner (mr). **43 123RF.com:** picsfive (go, u). **Alamy Stock Photo:** Randy Mehoves (mlu). **Getty Images / iStock:** BirdImages (mru). **44-45 Alamy Stock Photo:** Cyril Ruoso / Nature Picture Library. **45 Dreamstime.com:** Mikalay Varabey (ur). **46 Alamy Stock Photo:** Robin Chittenden (ur). **naturepl.com:** David Kjaer (gor). **47 Alamy Stock Photo:** David Tipling / Nature Picture Library (mo). **Getty Images:** Frans Lemmens (gol). **48-49 Alamy Stock Photo:** William Leaman. **50 123RF.com:** picsfive (ul). **Alamy Stock Photo:** Jack Milchanowski / agefotostock (mu). **51 123RF.com:** Koji Hirano / kojihirano (mr); picsfive (ur). **Shutterstock.com:** Charles Bergman (ul); Richard Seeley (gor). **52-53 naturepl.com:** E.J. Peiker. **54 123RF.com:** picsfive (ur). **Alamy Stock Photo:** Glenn Bartley / All Canada Photos (l). **Dreamstime.com:** Robyn Mackenzie / Robynmac (mr). **55 Alamy Stock Photo:** Steve Bloom / Steve Bloom Images (gol). **Ardea:** Graham Robertson / Auscape (ur). **Dreamstime.com:** Robyn Mackenzie / Robynmac (gom). **56-57 Alamy Stock Photo:** Fred Olivier / Nature Picture Library. **58 Alamy Stock Photo:** David Tipling / Nature Picture Library (go); Doug Allan / Bluegreen Pictures (ml/Kaiserpinguine). **Dreamstime.com:** Robyn Mackenzie / Robynmac (ml). **59 Alamy Stock Photo:** Roger Clark (mr/Pinguinküken). **Dreamstime.com:** Robyn Mackenzie / Robynmac (mr). **naturepl.com:** Stefan Christmann (gol); Stefan Christmann (mo). **60-61 Alamy Stock Photo:** Blickwinkel / Agami / A. Ouwerkerk. **61 Alamy Stock Photo:** Markus Varesvuo / Nature Picture Library (ur). **62 Alamy Stock Photo:** Malcolm Schuyl (mr); Blickwinkel / Agami / H. Soerensen (ur). **naturepl.com:** Melvin Grey (mlu); Markus Varesvuo (mo). **63 123RF.com:** picsfive (ur). **Alamy Stock Photo:** Jonathan Harrod / Hedgehog House / Minden Pictures (gol). **64-65 Alamy Stock Photo:** Blickwinkel / Agami / P.-J. Dhondt. **65 Dreamstime.com:** Mirage3 (mru). **66 123RF.com:** Eric Isselee / isselee (ur). **Alamy Stock Photo:** Paulette Sinclair (gor). **Dreamstime.com:** Sergey Uryadnikov / Surz01 (ul). **67 123RF.com:** picsfive (u). **Alamy Stock Photo:** Eric Baccega / agefotostock (gor). **Getty Images / iStock:** linephoto (ul). **Science Photo Library:** Power And Syred (mru). **68-69 Alamy Stock Photo:** Bernhardt Reiner / Prisma by Dukas Presseagentur GmbH. **69 Dreamstime.com:** Frank Fichtmueller (ur). **70 123RF.com:** picsfive (m). **Getty Images / iStock:** Cloebudgie (ur). **naturepl.com:** Klein & Hubert (gor). **71 Alamy Stock Photo:** Stephan Morris Photography (mro). **Dreamstime.com:** Luk Pich (ml). **72-73 Shutterstock.com:** Mcknub. **74 Alamy Stock Photo:** Eric Baccega / agefotostock (gor). **Dreamstime.com:** Andrey Gudkov (mlu). **75 Alamy Stock Photo:** Nico Tondini / robertharding (mro). **Dreamstime.com:** Michele A. Burgess (ml). **76-77 Dreamstime.com:** Paul Hampton. **77 123RF.com:** Vclav Ebek (ur). **78 Dreamstime.com:** Johannes Gerhardus Swanepoel (ml). **Getty Images / iStock:** Christophe_Cerisier / E+ (ur). **79 123RF.com:** Ivan Kmit (mo); Duncan Noakes (mu); Michael Sheehan (mlu); picsfive (gol). **80-81 Dreamstime.com:** David Havel. **81 Alamy Stock Photo:** Volodymyr Burdiak (ur). **82 123RF.com:** picsfive (gor). **Alamy Stock Photo:** Juniors Bildarchiv / F382 (u). **83 Dreamstime.com:** Melpomenem (gol). **84-85 Alamy Stock Photo:** Michio Hoshino / Minden Pictures. **85 naturepl.com:** Steven Kazlowski (ur). **86 Alamy Stock Photo:** James Hager / Robertharding (mu). **86-87 Alamy Stock Photo:** Eric Baccega / Agefotostock (go). **87 Alamy Stock Photo:** Nick Jans / Design Pics Inc (mru). **Dreamstime.com:** Krisata (mlu);

Robyn Mackenzie / Robynmac (m). **88-89 Dreamstime.com:** Kobby Dagan. **89 Alamy Stock Photo:** Kevin Schafer / Minden Pictures (ur). **90 Dreamstime.com:** Seadam (m). **91 Alamy Stock Photo:** Martin Shields (mru). **Dreamstime.com:** ChangeableFocus (mlo); Robyn Mackenzie / Robynmac (m). **92-93 Getty Images:** John Conrad. **94 Alamy Stock Photo:** ODFW (gor). **Dreamstime.com:** Robyn Mackenzie / Robynmac (mr). **Getty Images:** Cathy and Gordon Illg / Jaynes Gallery / DanitaDelimont.com (mru). **95 Dreamstime.com:** Holly Kuchera (gol/Wolf); Robyn Mackenzie / Robynmac (gol). **Getty Images / iStock:** Cloudtail_the_Snow_Leopard (ul). **96-97 naturepl.com:** Neil Bromhall. **97 Shutterstock.com:** Neil Bromhall (ur). **98 123RF.com:** picsfive (ur). **Dreamstime.com:** Isselee (um). **Shutterstock.com:** Neil Bromhall (ml). **99 123RF.com:** picsfive (mr). **Ardea:** Karl H. Switak / Science Source (gol). **Dreamstime.com:** Robyn Mackenzie / Robynmac (mro). **100-101 Getty Images:** Fabrizio Moglia. **102 Alamy Stock Photo:** Ruth Swan (gom). **103 Alamy Stock Photo:** Frdric Grimatre (mru). **Getty Images:** Fabrizio Moglia (ur). **104-105 Alamy Stock Photo:** Blue Planet Archive AMD. **106 Alamy Stock Photo:** Media Drum World (mr); Flip Nicklin / Minden Pictures (ul). **naturepl.com:** Wild Wonders of Europe / Lundgren (go). **107 Alamy Stock Photo:** Pascal Kobeh / Nature Picture Library (mlu); Tony Wu / Nature Picture Library (mru). **108-109 naturepl.com:** Tui De Roy. **109 Alamy Stock Photo:** Nature Picture Library / Todd Pusser (u). **110 Dreamstime.com:** Inga Ivanova (u). **111 Shutterstock.com:** SZakharov (u). **112-113 Alamy Stock Photo:** Brad Leue. **114 Alamy Stock Photo:** Robertharding / Louise Murray (mu). **Dreamstime.com:** Robyn Mackenzie / Robynmac (mru). **Shutterstock.com:** Fiona Ayerst (gor). **114-115 123RF.com:** picsfive (u). **115 Alamy Stock Photo:** Nature Picture Library / Pascal Kobeh (ul). **Dreamstime.com:** Sergey Uryadnikov (go). **Shutterstock.com:** Shiva N hegde (ur). **116-117 Alamy Stock Photo:** Scubazoo. **117 imagequestmarine.com:** Michael Aw (u). **118 123RF.com:** picsfive (go). **naturepl.com:** Shane P. White (u). **119 123RF.com:** picsfive (gor). **Alamy Stock Photo:** All Canada Photos / Wayne Lynch (mlu). **120-121 Alamy Stock Photo:** Nature Picture Library / Nick Hawkins. **121 naturepl.com:** Terry Whittaker (u). **122 123RF.com:** picsfive (u, gor). **Alamy Stock Photo:** Nature Picture Library / Michel Roggo (ul). **naturepl.com:** Wild Wonders of Europe / Lundgren (um). **123 naturepl.com:** Terry Whittaker (gom). **124-125 Alamy Stock Photo:** Mathieu Meur / Stocktrek Images. **126 Getty Images:** AFP / Pedro Pardo (u). **127 Alamy Stock Photo:** Hannes Klostermann (gol). **Dreamstime.com:** Jj Van Ginkel (gor); Robyn Mackenzie / Robynmac (gol). **128-129 Alamy Stock Photo:** Mark Conlin. **130 Alamy Stock Photo:** agefotostock / Gustavo A. Rojas (ml). **131 Dreamstime.com:** Andamanse (u); Robyn Mackenzie / Robynmac (gor). **Getty Images:** Photodisc / Stephen Frink (go). **132-133 Alamy Stock Photo:** Nature Picture Library / Alex Mustard. **133 Getty Images:** Corbis / Reinhard Dirscherl (u). **134 Alamy Stock Photo:** Roberto Fumagalli (gor). **135 Getty Images:** The Image Bank / Giordano Cipriani (mr). **136-137 Alamy Stock Photo:** Wil Meinderts / Buiten-beeld / Minden Pictures. **137 Alamy Stock Photo:** Nature Picture Library / Nick Upton (u). **138 Alamy Stock Photo:** Natural Visions / Heather Angel (u). **139 Alamy Stock Photo:** Juniors Bildarchiv / F300 (u); Nature Picture Library / Michel Roggo (mlu); Sebastia Torrens / BIA / Minden Pictures (mr). **140-141 Alamy Stock Photo:** Auscape International Pty Ltd / Jean-Paul Ferrero. **142 123RF.com:** picsfive (gor). **Dreamstime.com:** Robyn Mackenzie / Robynmac (gor). **Getty Images:** Handout / Parks Australia (ul). **142-143 Alamy Stock Photo:** Stephen Belcher / Minden Pictures. **143 Alamy Stock Photo:** mauritius images GmbH / Reinhard Dirscherl (ul); Ingo Arndt / Minden Pictures (gol). **144-145 Getty Images / iStock:** tonaquatic. **145 Dreamstime.com:** Elovich (u). **146 Getty Images / iStock:** Sinhyu (mlo). naturepl.com: Juergen Freund (mr). **147 Alamy Stock Photo:** Richard Herrmann / Minden Pictures (mru). **148-149 Shutterstock.com:** Alexandra Vautin. **149 naturepl.com:** David Fleetham (u). **150 naturepl.com:** Juergen Freund (mr); Roland Seitre (m); Alex Mustard (u). **Shutterstock.com:** Shane Gross (mu). **151 Alamy Stock Photo:** Evelyn Harrison (gor); Masa Ushioda (mru). **Dreamstime.com:** Eduardo Gonzalez (mlo). **naturepl.com:** Piotr Naskrecki (gom). **152-153 Science Photo Library:** Eye Of Science. **154 Alamy Stock Photo:** Papilio / Robert Pickett (mru). **Science Photo Library:** Eye Of Science (gor). **155 Getty Images:** Steve Gschmeissner / Science Photo Library (u). **156-157 Alamy Stock Photo. 158 Getty Images / iStock:** Amphotora (go); Dstephens / E+ (u). **159 Dreamstime.com:** Robyn Mackenzie / Robynmac (x2). **Getty Images / iStock:** leonard_c / E+ (go). **Shutterstock.com:** Photo By Lola (ul); Tomenochka (mr). **160 Alamy Stock Photo:** MichaelGrantPlants (mlu); SaskiaS (gor). **160-161 Dreamstime.com:** Robyn Mackenzie / Robynmac (x2). **161 Alamy Stock Photo:** Reinhard Dirscherl (gor). **naturepl.com:** Shane Gross (mlu). **162-163 123RF.com:** picsfive (u). **162 Alamy Stock Photo:** Nick Austin (mr). **Dreamstime.com:** Wagner Campelo (ul); Ksenia Semirova (ml). **Shutterstock.com:** Roger de la Harpe (ur). **163 Alamy Stock Photo:** Ignacio Yufera / Biosphoto (gol); Paul Ives (ml). **Dreamstime.com:** Ndp (mr); Hilda Weges (ur). **Shutterstock.com:** Alena Dafna (gor). **164 Alamy Stock Photo:** Sabena Jane Blackbird (mu). **166 Alamy Stock Photo:** AB Historic (u). **Dreamstime.com:** Robyn Mackenzie / Robynmac (gom). **Shutterstock.com:** Everett Collection (gor). **167 Dreamstime.com:** Antonella865 (mr); Maxim Petrichuk (ml). **Getty Images:** AFP / Peter Parks (ur). **4Shutterstock.com:** Suwipat Lorsiripaiboon (go).

Cover *Vorn:* **Alamy Stock Photo:** Skip Moody / Dembinsky Photo Associates / Alamy mr, blickwinkel / McPHOTO / PUM gol, Robert Clark mro, Kit Day um, HIRA PUNJABI gor, WaterFrame ul; **Depositphotos Inc:** malishli.bk.ru mu; **Dreamstime.com:** David Havel ur, Yuval Helfman mr/ (Monarchfalter); **Getty Images / iStock:** Michel VIARD ml; **naturepl.com:** Edwin Giesbers mlo, Danny Green mlu; **Shutterstock.com:** ixpert m; *Hinten:* **Alamy Stock Photo:** Skip Moody / Dembinsky Photo Associates / Alamy ml/ (Schmetterling), blickwinkel / McPHOTO / PUM gor, Robert Clark mlo, Kit Day um, HIRA PUNJABI gol, WaterFrame ur; **Depositphotos Inc:** malishli.bk.ru mu; **Dreamstime.com:** David Havel ul, Yuval Helfman ml; **Getty Images / iStock:** Michel VIARD mr; **naturepl.com**: Edwin Giesbers mro, Danny Green mru; **Shutterstock.com:** ixpert m; *Rücken:* **Getty Images / iStock:** Michel VIARD u; **naturepl.com:** Edwin Giesbers go.

Alle weiteren Bilder ©
Dorling Kindersley

Über die Autorin

Philippa Forrester ist nicht nur Autorin mehrerer Bücher über Natur und Tiere, sondern auch als Moderatorin bekannt und seit fast drei Jahrzehnten im Fernsehen zu sehen. Sie war für die BBC tätig und moderierte dort Fernsehshows rund um die Themen Wissenschaft und Technologie. 2015 zog sie mit ihrer Familie nach Wyoming (USA), um gemeinsam mit ihrem Ehemann für das Magazin *National Geographic* zu arbeiten, das sich unter anderem mit der Umwelt befasst. Außerdem war sie an *World on the Move* beteiligt, einer Radioshow über Tierwanderungen.

Über den Illustrator

Tim Smart liebt es, künstlerisch und kreativ zu sein: Er singt gerne, erzählt Geschichten und zeichnet die wunderschöne Natur um sich herum, seit er Stifte halten kann. Für dieses Buch hat er am liebsten die Bärtierchen und Nacktmulle illustriert, obwohl all seine rosafarbenen Buntstifte jetzt nur noch Stummel sind. Aufgewachsen ist er am Meer und verbrachte viel Zeit draußen, um auf Bäume zu klettern, Vögel zu beobachten oder am Lagerfeuer zu sitzen. Heute lebt er mit seinen beiden besten Freundinnen Katherine und Enid in London.